"十三五"高职高专教材改革与创新精品课程教材

SHICHANG YINGXIAO
CHUANGXIN SHIJIAN JIAOCHENG

市场营销创新实践教程

主　编　冯　瑞　陈春干
副主编　杜　茜　高雄波

苏州大学出版社
Soochow University Press

图书在版编目(CIP)数据

市场营销创新实践教程 / 冯瑞,陈春干主编. —苏州:苏州大学出版社,2018.1

"十三五"高职高专教学改革与创新精品课程教材

ISBN 978-7-5672-2363-9

Ⅰ.①市… Ⅱ.①冯… ②陈… Ⅲ.①市场营销学—高等职业教育—教材 Ⅳ.①F713.50

中国版本图书馆 CIP 数据核字(2018)第 000644 号

市场营销创新实践教程

冯 瑞 陈春干 主编

责任编辑 施小占

苏州大学出版社出版发行

(地址:苏州市十梓街1号 邮编:215006)

镇江文苑制版印刷有限责任公司印装

(地址:镇江市黄山南路18号润州花园6-1号 邮编:212000)

开本 787 mm×1 092 mm 1/16 印张 16.5 字数 233 千
2018 年 1 月第 1 版 2018 年 1 月第 1 次印刷
ISBN 978-7-5672-2363-9 定价:36.00 元

苏州大学版图书若有印装错误,本社负责调换
苏州大学出版社营销部 电话:0512-65225020
苏州大学出版社网址 http://www.sudapress.com

市场营销课程是市场营销、市场开发与营销、营销与策划、医药营销、电子商务等市场营销类专业的核心课程,是经济管理、经济信息管理、国际经济与贸易、国际贸易实务、国际商务等经济贸易类专业的基础课程。编者请我为这本教材写序言,我本来有很多顾虑:一方面我是从事外语教学的教师,在经济学领域完全是个外行;另一方面自己虽然也编写过教材,而且教材在全国使用的情况还算不错,但是总觉得建树不多。

我浏览了这本教材并仔细阅读了一些章节后,觉得非常兴奋。原因有三点:首先,教材充分体现了当代先进的高等职业教育理念。教材共设计了八个项目,每个项目又分为"团队热身""他山之石""千里之行""牛刀小试"和"项目实训"五个板块,将市场营销实践的主要环节巧妙地结合起来,同时把重要的理论知识贯穿其中,真正体现了"做中学,学中做"的高职教育理念。其次,编者所选用的案例大多是人们耳熟能详的经典,如"肯德基在中国""中美老太太买房观""卖拐的启示""向和尚推销梳子""万宝路的成功之路"等,不仅特别容易引起学生的共鸣,而且也非常便于教师驾驭教材内容,开展丰富多彩的实训。第三,虽然本教材主要用于实训,但是编者并没有回避理论知识的导入,在介绍一些实际案例的基础上引导学生理性地分析这些案例,逐步提升其认知的理论高度。说通俗点,这种处理理论知识的方法类似于神话传说中得道大仙的"点化"而不是"说教"。在过去一段时间里,由于片面强调技能培养,我国的高职教育达到了"谈理论色变"的地步,从而把高职教育简单等同于就业教育,忽视了其高等教育属性,因而在对高职学生的理论知识的教学方面有所欠缺。我个人认为,这本教材导入理论知识的方式是值得推崇的,非常有利于激发学生的理论学习兴趣。

  总之,本教材改变传统教材重知识、轻实践的内容模式,以"无界化""实践化""项目化"为主要思路,注重职业性、实用性与实战性,体现了知识的无界化、目标的实践化、体例的项目化,是一部不可多得的好教材。苏州工业园区服务外包职业学院的几位老师能够编写出这样水平的教材是他们致力教学改革,潜心研究高职教育规律的结果,在此我向他们致敬。

严世清

二〇一七年三月三日

项目一 认知市场营销,组建项目团队

团队热身:一分钟自我营销演练 … 1

他山之石:腾讯借势里约奥运玩营销 … 2

千里之行:理论知识认知 … 5

 一、市场营销的概念 … 5

 二、市场营销的内涵 … 6

 三、市场营销学的演变过程 … 12

 四、市场营销观念的演变过程 … 14

牛刀小试:案例分析与交流 … 15

 【案例一】两个推销员 … 16

 【案例二】粘在墙上的金币 … 16

项目实训:组建团队 … 17

 附1:项目实训PPT汇报记录表 … 19

 附2:项目实训材料参考范本 … 31

项目二 开展环境分析,评估项目前景

团队热身:本小组项目优劣分析 … 37

他山之石:肯德基在中国 … 38

千里之行：理论知识认知 39
　　一、市场营销环境概述 39
　　二、市场营销环境分析方法 45
牛刀小试：案例分析与交流 47
　　【案例】"霸道,你不得不尊敬"引起的风波 47
项目实训：项目环境分析 48
　　附：项目实训PPT汇报记录表 51

项目三　进行市场细分,研究项目市场

团队热身：项目目标客户讨论 63
他山之石：左撇子商店 64
千里之行：理论知识认知 64
　　一、市场细分 64
　　二、目标市场 68
　　三、市场定位 72
牛刀小试：案例分析与交流 74
　　【案例】国内乳企陷低谷,苦寻出路求破局 75
项目实训：项目目标市场分析 77
　　附：项目实训PPT汇报记录表 79

项目四　开展市场调研,确定项目产品

团队热身：手机线下店的危机 92
他山之石：未来的卫生间 93
千里之行：理论知识认知 97

一、市场调研概述 97

二、市场调研的作用 98

三、市场调研的类型 99

四、市场调研的内容 100

五、市场调研的方法 100

六、市场调研的实施 103

牛刀小试：案例分析与交流 107

【案例一】重视市场调查的李维公司 107

【案例二】问卷设计分析 109

项目实训：项目市场调研 110

附：项目实训PPT汇报记录表 111

项目五 制定产品策略，完善项目品类

团队热身：海尔品牌向世界级迈进 123

他山之石：小米公司的产品组合 125

千里之行：理论知识认知 126

一、产品 126

二、品牌 130

三、包装 133

四、产品生命周期 136

牛刀小试：案例分析与交流 139

【案例】买椟还珠 139

项目实训：产品策略设计 140

附：项目实训PPT汇报记录表 141

项目六　制定定价策略，进行产品定价

团队热身：价格是永远的促销利器　　　　　　　　　　153
他山之石：LV中国定价策略不合群　　　　　　　　　　155
千里之行：理论知识认知　　　　　　　　　　　　　　156
　　一、成本导向定价法　　　　　　　　　　　　　　156
　　二、需求导向定价法　　　　　　　　　　　　　　160
　　三、竞争导向定价法　　　　　　　　　　　　　　161
　　四、新产品定价法　　　　　　　　　　　　　　　162
　　五、心理定价法　　　　　　　　　　　　　　　　164
　　六、折扣定价法　　　　　　　　　　　　　　　　165
　　七、产品组合定价法　　　　　　　　　　　　　　167
　　八、地区定价法　　　　　　　　　　　　　　　　167
牛刀小试：案例分析与交流　　　　　　　　　　　　　168
　　【案例一】苹果产品的定价策略：要利润不要份额　169
　　【案例二】蒙玛公司的分段定价　　　　　　　　　170
项目实训：项目产品定价　　　　　　　　　　　　　　171
　　　　附：项目实训PPT汇报记录表　　　　　　　　173

项目七　确定分销渠道，化解渠道冲突

团队热身：传统企业建立网络分销渠道的方式　　　　　185
他山之石：肯德基的特许经营渠道　　　　　　　　　　187
千里之行：理论知识认知　　　　　　　　　　　　　　188
　　一、分销渠道的涵义　　　　　　　　　　　　　　188

二、中间商的涵义　　　　　　　　　　　　195

　　三、分销渠道的设计与管理　　　　　　　　197

牛刀小试：案例分析与交流　　　　　　　　　　202

　　【案例一】冰箱销售方案选择　　　　　　　　202

　　【案例二】"沃尔玛"进军中国商界　　　　　　203

项目实训：项目渠道分析　　　　　　　　　　　204

　　附：项目实训 PPT 汇报记录表　　　　　　　205

项目八　确定促销策略，开展项目推广

团队热身：广告体验　　　　　　　　　　　　　217

他山之石：某产品广告策划　　　　　　　　　　218

千里之行：理论知识认知　　　　　　　　　　　219

　　一、人员推销　　　　　　　　　　　　　　219

　　二、广告　　　　　　　　　　　　　　　　220

　　三、营业推广　　　　　　　　　　　　　　221

　　四、公共关系　　　　　　　　　　　　　　223

牛刀小试：案例分析与交流　　　　　　　　　　225

　　【案例】两个推销员　　　　　　　　　　　225

项目实训：项目促销策划　　　　　　　　　　　226

　　附1：项目实训 PPT 汇报记录表　　　　　　229

　　附2：项目实训 PPT 汇报记录总表　　　　　241

参考文献　　　　　　　　　　　　　　　　　253

项目一 认知市场营销,组建项目团队

 项目实训目标

1. 理解和掌握市场营销基本概念、观念;
2. 在现代市场营销观念指导下组建项目团队;
3. 在成立团队的过程中培养自我认知、团队分工、项目组建、沟通意识、合作意识、团队意识等能力。

团队热身

一分钟自我营销演练

【演练内容】

1. 问候;

2. 介绍:包括但不限于姓名、来自哪里、个人兴趣爱好、专长等;

3. 致谢。

【总体要求】

角色定位:假设你是应聘者,台下是面试官。

声音洪亮：让别人听清楚你的讲话内容，让别人能够记住你的姓名。

仪态大方：仪表自然；开始鞠躬，结束致谢。展示自己有素养、有魅力、有个性的一面。

表述要求：介绍中避免使用第一人称，在演练中认识到这是一个推销自己的过程，从而体会到市场营销是一种无所不在的活动。

【具体步骤】

第一步，上台问候。上台，站稳后鞠躬对所有人问好，然后再介绍。注意展现热情，面带微笑。

第二步，正式内容演练，即自我推销介绍。注意音量、站姿、介绍顺序、肢体动作等。

第三步，致谢回座。对所有人鞠躬说谢谢后回到座位。

他山之石

腾讯借势里约奥运玩营销

2016年的里约奥运会，是一场真正的24小时全时营销战役。

对于奥运这个四年一次的体育盛会来说，如果只关注比赛结果，那就太遗憾了，因为奥运最动人的是那些需要慢慢品味的细节。奥运会期间，腾讯每天产出1-3张实时营销海报，放眼全世界捕捉赛场内外的激动、悲情、惊讶、感动、冷门、平等、欢乐时刻、大众盲区等，用独特的画面或者富有内涵的文案诠释"不一样的视角"。

01 独家资源

腾讯在这次里约奥运会的资源布局上可谓早有准备，且拿到了让行业羡慕的独家资源：

- 中国奥委会唯一的互联网服务合作伙伴;
- 2016年里约奥运会赛事在中国大陆地区网络播映权益。

在重大事件、大IP的资源绑定上,各大平台都在争抢,资源会影响流量,在奥运的营销战场,平台级企业做的事情就是先布局资源。腾讯拥有这样的资源也就有更多的内容产生,运动员会及时出现在腾讯的摄像机前。

02 第一时间

赛事营销方面,由于腾讯的独家权益,汇聚了包括孙杨、苏炳添、马龙、易思玲等40多位明星运动员,他们将在赛后第一时间,通过腾讯平台,以直播等形式与中国用户进行即时互动,分享赛后感受。

03 无缝连接

腾讯在奥运会比赛场馆旁搭建了1 000平方米的演播室,用户可以通过腾讯与运动员建立无缝连接。

04 二线并发

腾讯以"社交+技术"来定义2016年里约奥运会。

- 技术:腾讯使用虚拟现实技术(VR)、增强现实技术(AR),以及先进转播设备等多种全新的技术手段为用户营造全新的奥运体验。
- 社交:

① 全民直播:腾讯借助企鹅直播平台推出了奥运赛期的全天候全民直播,让拥有不同需求的用户能够获得来自不同视角、不同时间的里约前方画面。

② 社交矩阵:腾讯新闻客户端、天天快报、腾讯体育客户端、腾讯视频客户端、手机QQ、微信、腾讯网等移动+PC全平台,以及微信运动组成的社交矩阵,向中国互联网用户及时全面传递奥运信息,聚合奥运全民参与度。

③ 节目整合:脱口秀《冠军直通车》、直播访谈《第一时间》、成长故事《下一

个我》、美食温情《里约家味道》。

④ 线上线下互动：线上线下充分利用腾讯的社交优势，整合资源，比如《跑向里约》活动，结合微信运动资源，从北京经由20个奥运主办城市最终"跑向里约"，在微信运动已有的点赞、排名、抢封面等互动基础上，还针对性地推出了摇一摇竞猜、奥运冠军加油PK、火炬传递等可随时参与的用户交互方式。同时，线下在全国举办7站路跑活动，集结明星，调动粉丝积极性为偶像积累跑步步数，提升排名，从而实现粉丝营销。

腾讯发力奥运营销，以"独家资源、第一时间、无缝连接、二线并发"的"独一无二"优势成为国内奥运借势营销的典范。

（案例来源：微信公众号：营销志2016.8.7，有删改）

思考：腾讯借势奥运营销的案例给予我们什么样的启示？

研读并讨论以上案例，以小组为单位，每组派一代表发言。

千里之行

理论知识认知

一、市场营销的概念

市场营销既是一种组织职能,也是一种创造、传播、传递顾客价值的思维方式。

1937年由市场营销企业界与学术界具有远见卓识的人士发起成立的美国市场营销协会(American Marketing Association)对于市场营销的定义:市场营销是创造、沟通与传递价值给顾客,经营顾客关系以便让组织与其利益关系人受益的一种组织功能与程序。

现代营销学之父——菲利普·科特勒博士认为,营销不是以精明的方式去兜售自己的产品或服务,而是一门创造真正客户价值的艺术。市场营销是个人和群体通过创造并同他人交换产品和价值,以获得其所需之物的一种社会和管理的过程。

从企业微观经济活动讲,市场营销是指企业以满足人类需求为目的,通过创造与传播,以实现产品(服务)与价值交换的活动。具体来说,市场营销活动是一种创造性活动,它通过发现需求、创造需求,实现个人和组织的交换目标,并倡导新的流行,提升生活品质;市场营销活动是一种全过程活动,包括市场调查、产品或服务的设计包装、传播、分销、售后服务、关系维护等;市场营销活动是一种盈利性活动,在满足需求的同时使企业获取利润。

课堂互动：

许多人认为："市场营销就是推销，就是把产品卖掉，变成现金。"谈谈你的看法。

要点：

市场营销不等于推销，推销仅仅是市场营销的一个组成部分。现代市场营销应以消费者为中心，想消费者之所想，适消费者之所需。为此，必须从调查消费者需要开始，在弄清消费者需求偏好的前提下，从产品设计、功能、名称、包装、价格、促销等多方面全面为消费者着想，当你真正做到了以消费者为中心，推销就显得多余了。

二、市场营销的内涵

（一）市场

1. 市场的涵义

市场营销学是一门研究与掌握市场活动规律，科学运用各种营销策略与技巧的应用性学科，其出发点与立足点都是市场。因此，探究市场营销必须从认知市场内涵开始。

市场一词，最早是买主和卖主聚集在一起进行交换的场所。但在市场营销领域中，市场是具有某种特定的需要或欲望，而且愿意并能够通过交换来满足这种需要的全部潜在顾客。所以，从市场营销的角度讲，买主构成市场，卖主构成行业。比如，家电市场是指对家电产品有需求的潜在购买群体，而家电行业是指生产或经销家电产品的企业。因此，一个市场的大小，主要取决于三个主要因素：有某种需要的人，具备满足这种需要的购买力，以及愿意付诸行动的购买欲望。用公式来表示，即

$$市场 = 人口 + 购买力 + 购买欲望$$

2. 市场的类型

（1）按照商品流通时序，可将市场分为现货市场和期货市场、批发市场和零

售市场。

（2）按照商品流通地域,可分为国内市场和国际市场、地方市场和全国市场、城市市场和农村市场。

（3）按照商品属性,可分为一般商品市场和特殊商品市场。其中,一般商品市场包括消费品市场和产业市场;特殊商品市场是由具有特殊性的商品以及不是商品但却采取了商品形式的产品所形成的市场,包括劳动力市场、金融市场、技术与信息市场和房地产市场等。

（4）按照购买者购买行为的特点,可分为消费者市场和组织市场。消费者市场是指为满足生活需要而购买商品或服务的个人和家庭;组织市场是由各种组织机构构成的对产品和劳务需求的综合,根据购买目的的不同,组织市场又可以分为产业市场、中间商市场和非营利组织市场。

产业市场,又称生产者市场,是指一切购买产品和服务并将用于生产其他产品和劳务,以供销售、出租或供应给他人的组织。

中间商市场是指那些通过购买商品和劳务以转售或出租给他人获取利润的组织,由各种批发商和零售商组成。

非营利组织市场包括政府、社会团体等。

3. 市场的特征

市场的特征主要有以下几点:

（1）文化性,指人们消费产品或服务是一种感受、一种体验;

（2）国际性,指市场中的生产经营活动超越国界的界限,成为国际经济活动的一部分;

（3）差异性,包括产品差异性、价格差异性、顾客差异性、服务差异性、营销差异性等;

（4）替代性,指任何一种产品的市场都会逐渐饱和、衰老或退出,而被另一种新的产品及其市场所代替,比如实体书店、随身听等。

(二) 需要、欲望和需求

1. 需要

心理学认为,需要是指没有得到某些基本满足的感受状态。

一些东西,当一个人的需要没有被满足时,他有两种选择:寻找可以满足这种需要的东西,或是降低这种需要。随着社会文明的进步和人们生活水平的提高,人的需要也在发生变化。

根据马斯洛的需要层次理论,人们的需要主要包括:生理需要、安全需要、归属(社交)需要、尊重需要、自我实现需要。

2. 欲望

欲望:是指人们对需要及其具体内容和形式的更深层次满足的一种希望,它表现为想得到的某种"特定物品"或"特定方式"。人的需要有限,欲望无限。比如,满足人的出行需要,可以是自行车、电瓶车、小汽车等;或者同样是需要小汽车,有的人有辆普通品牌小汽车就可以了,有的人非高级豪华轿车不坐。再比如,同样需要住房,有的人只要买个单身公寓就有安全感了,有的人却需要住别墅。

课堂互动:

某消费者爱吃鱼,喜欢喝白酒,上班时要穿西装,社交时喜欢穿唐装,休闲时爱打高尔夫。该消费行为反映了什么?

要点:

需要是指没有得到某些基本满足的感受状态。欲望是指想得到基本需要的具体满足物的愿望。消费者的感受状态是饥饿,那么他有获得食物的需要,而消费者想要吃鱼或喝白酒等行为,属于消费者主观想要得到的具体的满足物。因此,这样的消费行为反映的是消费者的欲望。

3. 需求

需求与需要不同，需要存在于人的自身，而需求是指对有能力购买的某个具体产品的欲望。需求是建立在两个条件之上，即有支付能力和愿意购买。欲望应当变成购买力范围内的具体的需求。因此，企业不仅要预测有多少人喜欢我们的产品，而且要了解有多少人愿意并有能力购买本企业的产品。

根据需求水平、时间的不同，需求有以下八种形态，在不同的需求状况下，营销管理者的任务各不相同。

（1）负需求（Negative Demand）。

负需求是指市场上众多顾客不喜欢某种产品或服务，如近年来许多老年人为预防各种老年疾病不敢吃甜点心和肥肉，又如有些顾客害怕冒险而不敢乘飞机，或害怕化纤纺织品中的有毒物质损害身体而不敢购买化纤服装。

针对负需求，市场营销管理的任务是分析人们为什么不喜欢这些产品，并针对目标顾客的需求重新设计产品、定价，作更积极的促销，或改变顾客对某些产品或服务的信念，诸如宣传老年人适当吃甜食可促进脑血液循环，乘坐飞机出事的概率比较小等。把负需求变为正需求，称为改变市场营销。

（2）无需求（No Demand）。

无需求是指目标市场顾客对某种产品毫无兴趣或漠不关心，如许多非洲国家居民从不穿鞋子，对鞋子无需求。通常情况下，市场对下列产品无需求：人们一般认为无价值的废旧物资；人们一般认为有价值，但在特定环境下无价值的东西；新产品或消费者平时不熟悉的物品等。

针对无需求，市场营销者的任务是刺激市场营销，即创造需求，通过有效的促销手段，把产品利益同人们的自然需求及兴趣结合起来。

（3）潜在需求（Latent Demand）。

这是指现有的产品或服务不能满足许多消费者的强烈需求。例如，老年人需要高植物蛋白、低胆固醇的保健食品，美观大方的服饰，安全、舒适、服务周到的交通工具等，但许多企业尚未重视老年人的市场需求。

针对潜在需求,企业营销管理的任务是准确地衡量潜在市场需求,开发有效的产品和服务,即开发市场营销。

(4) 下降需求(Falling Demand)。

这是指目标市场顾客对某些产品或服务的需求出现了下降趋势,如近年来城市居民对电风扇的需求已饱和,需求相对减少。

针对下降需求,企业营销管理的任务是要了解顾客需求下降的原因,或通过改变产品的特色,采用更有效的沟通方法再刺激需求,即创造性的再营销,或通过寻求新的目标市场,以扭转需求下降的格局。

(5) 不规则需求(Irregular Demand)。

许多企业常面临因季节、月份、周、日、时对产品或服务需求的变化,而造成生产能力和商品的闲置或过度使用。例如,在公用交通工具方面,在运输高峰时不够用,在非高峰时则闲置不用。又如,在旅游旺季时旅馆紧张和短缺,在旅游淡季时旅馆空闲。再如,节假日或周末时商店拥挤,在平时商店顾客稀少。

针对不规则需求,市场营销管理的任务是通过灵活的定价、促销及其他激励因素来改变需求时间模式,这也称为同步性营销。

(6) 充分需求(Full Demand)。

这是指某种产品或服务目前的需求水平和时间等于期望的需求,但消费者需求会不断变化,竞争日益加剧。

因此,针对充分需求,企业营销管理的任务是改进产品质量及不断估计消费者的满足程度,维持现时需求,这称为"维持营销"。

(7) 过度需求(Overfull Demand)。

这是指市场上顾客对某些产品的需求超过了企业供应能力,产品供不应求。比如,由于人口过多或物资短缺,引起交通、能源及住房等产品供不应求。

针对过度需求,企业营销管理的任务是减缓营销,可以通过提高价格、减少促销和服务等方式使需求减少。企业最好选择那些利润较少、要求提供服务不多的目标顾客作为减缓营销的对象。减缓营销的目的不是破坏需求,而只是暂缓需求水平。

（8）有害需求（Unwholesome Demand）。

这是指对消费者身心健康有害的产品或服务，诸如烟、酒、毒品、黄色书刊等。

针对有害需求，企业营销管理的任务是通过提价、传播恐怖及减少可购买的机会或通过立法禁止销售，称之为反市场营销。反市场营销的目的是采取相应措施来消灭某些有害的需求。

（三）产品

产品是指用于满足需要和欲望的各种有形与无形的东西。产品整体概念包括核心产品、有形产品、附加产品和心理产品。

（四）价值

决定产品价值大小的并不是生产成本，而是这种产品或服务能给消费者带来的满足感。比如，女人购买口红，购买的是"美"的愿望；木匠买电钻，他购买的是钻的"孔"。因此，市场营销人员的工作不仅仅是描述产品的物理特征，更重要的是介绍产品所能给消费者带来的满足感。

（五）交换和交易

交换是市场营销活动的核心。交换是以提供某物作为回报而与他人换取所需要的产品的行为。交换是一种现象，更是一种过程。

交换的双方都要经历一个寻找合适的产品和服务，谈判价格和其他交换条件以及达成交换协议的过程。一旦达成交换协议，交易即产生。因此，交易是市场营销活动的直接目的。

（六）营销者

营销者，是指希望从他人那里取得资源并愿意以某种有价之物作为交换的人，是从事市场营销活动的人。所以，营销者可以是买主，也可以是卖主。

（七）关系

营销活动是一个企业与消费者、供应商、辅助商、竞争者、政府机构及社会公众发生相互作用的过程。

三、市场营销学的演变过程

市场营销理论于20世纪初诞生在美国。它的产生是美国社会经济环境发展变化的产物。19世纪末20世纪初,美国开始从自由资本主义向垄断资本主义过渡,社会环境发生了深刻的变化。工业生产飞速发展,专业化程度日益提高,人口急剧增长,个人收入上升,日益扩大的新市场为创新提供了良好的机会,人们对市场的态度开始发生变化,所有这些因素都有力地促进了市场营销思想的产生和市场营销理论的发展。

（一）萌芽阶段（19世纪末20世纪初）

这一时期,各主要资本主义国家经过工业革命,生产力迅速提高,城市经济迅猛发展,原来以求大于供为特征的"卖方市场"发生了变化,出现了市场商品的增长速度超过了对商品需求增长速度的状况。敏感的企业家开始进行市场分析、市场研究及采用经销方式为顾客服务。早在1902年,美国密执安大学、加州大学和伊利诺伊大学的经济系就开设了市场学课程,以后相继在宾夕法尼亚大学、匹茨堡大学、威斯康星大学开设此课。在这一时期,出现了一些市场营销研究的先驱者,其中最著名的有阿切·W.肖、巴特勒、约翰·B.斯威尼及赫杰特齐。哈佛大学教授赫杰特齐走访了大企业主,了解他们如何进行市场营销活动,于1912年出版了第一本销售学教科书,它是市场营销学作为一门独立学科出现的里程碑。阿切·W.肖于1915年出版了《关于分销的若干问题》一书,率先把商业活动从生产活动中分离出来,并从整体上考察分销的职能,但当时他尚未能使用"市场营销"一词,而是把分销与市场营销视为一回事。韦尔达、巴特勒和威尼斯在美国最早使用"市场营销"术语。韦尔达提出:"经济学家通常把经济活动划分为3大类:生产、分配、消费……生产被认为是效用的创造。""市场营销应当定义为生产的一个组成部分。""生产是创造形态效用,营销则是创造时间、场所和占有效用",并认为"市场营销开始于制造过程结束之时"。这一阶段的市场营销理论同企业经营哲学相适应,即同生产观念相适应,其依据是传统的经济学是以供给为中心的。此阶段仅限于理论的探索。

（二）成长阶段（1921—1945）

这一阶段以营销功能研究为其特点。此阶段最著名的代表者有：克拉克、韦尔达、亚历山大、瑟菲斯、埃尔德及奥尔德逊。1932年，克拉克和韦尔达出版了《美国农产品营销》一书，对美国农产品营销进行了全面的论述，指出市场营销目的是"使产品从种植者那儿顺利地转到使用者手中。这一过程包括3个重要又相互有关的内容：集中（购买剩余农产品）、平衡（调节供需）、分散（把农产品化整为零）"。这一过程包括7种市场营销功能：集中、储藏、财务、承担风险、标准化、推销和运输。1942年，克拉克出版的《市场营销学原理》一书，在功能研究上有创新，把功能归结为交换功能、实体分配功能、辅助功能等，并提出了推销是创造需求的观点，实际上是市场营销的雏形。

20世纪30年代左右的经济危机引起了经济的大萧条，学者们开始研究营销的应用。1937年"全美市场营销协会"（AMA）成立。这个协会的成立，成为市场学发展史上一个重要的里程碑，它标志着市场营销学已经跨出了大学讲坛，引起了整个社会的兴趣和关注，成为一门实用的经济科学。

（三）成熟阶段（20世纪50年代—70年代）

第二次世界大战后到60年代末期是市场营销学的发展阶段。第二次世界大战以后，市场营销学的研究，特别是美国对市场营销理论的研究进入了一个蓬勃发展的新阶段。提出了以消费者为中心的新的市场营销观念。

第二次世界大战后，生产迅速发展，市场需求剧增，再加上科学技术的进步，资本主义生产有了较大的增长，市场一时出现了繁荣的景象。企业间的市场竞争也更加激烈。这种趋势必然地推进了市场营销学的研究进程。在这一阶段，市场营销研究的一个突出特点是：人们将营销理论和企业管理的实践密切地结合起来。

（四）繁盛阶段（20世纪70年代至今）

20世纪70年代至今，市场营销的研究进入了一个新的发展阶段。随着现代科学的进步,不同的学科日益相互渗透,市场营销学已经与社会学、经济学、统计学、心理学等学科紧密结合,成为一门很接近实际的应用科学。同时,它的研究内容也更为广泛,并且向纵深发展,更重要的是,自70年代始,随着研究内容的深入,市场营销理论更加完善,提出了许多新观点和思想。如"战略营销"的思想,"全球营销"的概念,以及1986年以后提出和重点强调的"大市场营销""网络营销""关系营销"和"服务营销"等概念。20世纪90年代以后,是市场营销发展的创新阶段,以欧洲的斯堪的纳维亚学派为代表的欧洲营销学派迅速崛起,他们认为,营销说到底是关系问题,明确将营销视为社会环境中建立在人际关系这块基石上的相互作用的过程。

四、市场营销观念的演变过程

(一) 生产观念(production concept)

产生于20世纪20年代前,从企业生产出发,以生产为导向。从工业革命到1920年间,世界各地经济处于卖方市场阶段,市场产品供不应求,选择甚少,只要价格合理,消费者就会购买;市场的重心在于大量生产,消费者的需求并不受重视。生产观念认为,企业应致力于提高生产效率和分销效率。显然,生产观念是一种重生产、轻市场营销的经营哲学。如福特汽车公司的口号:"我们只生产黑色的汽车。"

(二) 产品观念(product concept)

随着生产效率的提高,供不应求的市场现象逐渐缓和,产品观念应运而生。产品观念认为,消费者喜欢高质量的商品,企业应致力于产品的改进与技术提升。因此,在这种观念下,很容易导致"市场营销近视症"。企业生产者,只关注自己的产品质量,却不顾变化的市场需求。比如:镶金的眼镜。

(三) 推销观念(sales concept)

产生于20世纪三四十年代,由于科学技术的进步,加之科学管理和在"生产观念"驱动下形成的大规模生产形势,商品产量迅速增加,产品质量不断提高,买方市场逐渐形成。推销观念认为,如果顺其自然,消费者通常不会足量购买某一企业的产品,因此,企业必须积极销售和推广。

在现代市场经济条件下,对于某些非渴求物品,比如保险,还是奉行推销观念的。

(四)营销观念(marketing concept)

产生于20世纪50年代中期。第二次世界大战后,欧美各国军工工业很快转向民用工业,工业品和消费品的生产出现相对过剩,加剧了市场竞争,从而促使企业摒弃了以产品为中心的"生产然后销售"理念,转向以消费者为中心的"感觉和反应"理念,即营销观念。它认为,实现企业目标,关键在于公司要比竞争对手更有效地选定目标市场,更有效地提供产品或服务,更有效地沟通和传播。这是市场营销理论上的一次大变革,标志着企业经营理念由传统的"以卖方需求为中心"转向"以买方需求为中心"的现代营销理念。

(五)社会营销理念(societal concept)

产生于20世纪70年代,由科特勒提出。社会营销观念是对营销观念的升华,体现的是企业的社会责任。社会营销观念要求市场营销者在制定市场营销政策时要统筹兼顾三方面的利益——企业的利润、消费者的需要和社会效益。

牛刀小试

案例分析与交流

第一步:个人单独完成以下案例分析,写出要点;

第二步:小组每人轮流发言交流,同时其他成员记录发言人要点;

第三步:形成小组答案总要点;

第四步:以小组为单位在班级交流;

第五步:由各小组选取案例以表演的形式进行模拟展示,说明本小组的观点和见解,其他小组进行记录评价。

【案例一】

两个推销员

这是营销界尽人皆知的一个寓言故事：

有两个推销员，在同一天，他们两个人来到了南太平洋的一个岛国，到达当日，他们就发现当地人全都赤足，不穿鞋！从国王到贫民、从僧侣到贵妇，竟然无人穿鞋子。

当晚，一个人向国内总部老板拍了一封电报："上帝呀，这里的人从不穿鞋子，有谁还会买鞋子？我明天就回去。"

另一个人也向国内公司总部拍了一封电报："太好了！这里的人都不穿鞋。我决定把家搬来，在此长期驻扎下去！"两年后，这里的人都穿上了鞋子……

（案例来源：http：//www.baidu.com/link？url＝kSQLz3GCO-OUXXH1s-l2IIEaLJRC1mspcgcJpYkb0l1yUPNioW-qpBzmPAdIGvEEb7s26l2nu_UM06O0ruayba&wd＝&eqid＝c009409e002b2208000000035712efc1）

营销启示：

许多人常常抱怨难以开拓新市场，事实是新市场就在你的面前，只不过你怎样发现这个市场而已。

【案例二】

粘在墙上的金币

一商店老板在店门口的墙壁上贴了一个金币，旁边写道："谁能够把这枚金币掰下来，这枚金币就归他。"民众都很好奇，纷纷使出全身解数掰金币，不过未有人得手。此后，老板终于点出来："××胶水，掰不开的胶水。"原来是为商店所出售的胶水打造的"重金"广告呀！

（案例来源：http：//www.baidu.com/link？url＝HcMOULxVtgKwOjEmE0dVANrUx3cLkdGkZxDyR2MYUsoe8FH1uvhsm8xfFsOa6uBnvb_Q1QvmXaRYNjcfrzHS0

K&wd = &eqid = fe94dbd6002df3f5000000035712f059）

营销启示：

市场营销的目的之一就是吸引消费者的眼球,只有引起了消费者的注意,才实现了成功的第一步。而在竞争激烈的市场,用创新、创意的方式吸引消费者无疑是一种好方法。

项目实训

组建团队

1. 任务描述

组建市场营销团队、设计上课用席卡,制作 PPT 并进行汇报。

2. 具体要求

（1）由合理人数组成。每组 6 人左右,分 6 组。

（2）有明确架构。项目由负责人、行政、人事、财务、市场、策划等岗位组成,每个职责根据需要可以由 1 个或 1 个以上成员担任,特殊情况可以 1 人兼任不超过 2 个岗位职责；岗位职责明确并整理成小点,条例清晰、详细。

（3）有明确分工。团队成员每个人负责的部门和业务必须明确,团队成员知识、文化、素质、个性是怎样的,阐述清楚,并配具有商务特征的照片；团队成员知识、文化、素质、个性要与所负责的部门、从事的岗位相匹配。

（4）文化。团队有名称、有 Logo、有口号、有精神文化和目标。

（5）席卡。有设计统一的 Logo、体现团队文化特征,在此基础上可以展现成员个性。

3. PPT 汇报

（1）PPT 汇总。根据上述要求进行分工,根据分工小组成员各自制作 PPT,

PPT右下角注明制作人,汇总给小组负责人,负责人进行统一调整。

（2）PPT汇报。所有成员都参与汇报。班级其他同学在下面打分填打分表。

（3）PPT点评。班级其他同学讨论汇报小组汇报情况,小组指定成员记录大家意见,并进行点评,教师在此基础上进行点评,指出好的地方和需要改进的地方,汇报小组记录老师和大家的点评意见。

（4）PPT修改。汇报小组根据老师和大家的点评意见对PPT进行修改后在下次上课前再提交修改后的版本,教师对修改前后的版本进行打分,算出平均分,作为该小组本次PPT制作成绩。

附1：项目实训PPT汇报记录表

市场营销PPT汇报记录表

小组1：_____ 项目名称：_____

项目及分值		成员1	成员2	成员3	成员4	成员5	成员6
一、汇报情况40	礼仪20 礼仪开始6						
	礼仪20 礼仪穿插和衔接8						
	礼仪20 礼仪结束6						
	演讲20 声音洪亮、吐词清楚6						
	演讲20 表情大方、严肃认真6						
	演讲20 精神饱满、有职业状态8						
二、PPT制作30	字体大小合适、颜色对比清晰、布局规范10						
	图文并茂、文图搭配合理、文字字数适当10						
	有动态效果、音乐效果10						
三、汇报内容30	人员组成7.5						
	组织架构7.5						
	分工职责（个性介绍、职责条理）7.5						
	团队文化（Logo、口号、使命、目标）7.5						
四、特色创新加分0-5							

记录人：_____ 记录时间：_____

市场营销 PPT 汇报记录表

小组 2：_____　　项目名称：_____

<table>
<tr><th colspan="2">项目及分值</th><th>成员1</th><th>成员2</th><th>成员3</th><th>成员4</th><th>成员5</th><th>成员6</th></tr>
<tr><td rowspan="6">一、汇报情况 40</td><td>礼仪20 — 礼仪开始6</td><td></td><td></td><td></td><td></td><td></td><td></td></tr>
<tr><td>礼仪20 — 礼仪穿插和衔接8</td><td></td><td></td><td></td><td></td><td></td><td></td></tr>
<tr><td>礼仪20 — 礼仪结束6</td><td></td><td></td><td></td><td></td><td></td><td></td></tr>
<tr><td>演讲20 — 声音洪亮、吐词清楚6</td><td></td><td></td><td></td><td></td><td></td><td></td></tr>
<tr><td>演讲20 — 表情大方、严肃认真6</td><td></td><td></td><td></td><td></td><td></td><td></td></tr>
<tr><td>演讲20 — 精神饱满、有职业状态8</td><td></td><td></td><td></td><td></td><td></td><td></td></tr>
<tr><td rowspan="3">二、PPT制作 30</td><td>字体大小合适、颜色对比清晰、布局规范10</td><td></td><td></td><td></td><td></td><td></td><td></td></tr>
<tr><td>图文并茂、文图搭配合理、文字字数适当10</td><td></td><td></td><td></td><td></td><td></td><td></td></tr>
<tr><td>有动态效果、音乐效果10</td><td></td><td></td><td></td><td></td><td></td><td></td></tr>
<tr><td rowspan="4">三、汇报内容 30</td><td>人员组成7.5</td><td></td><td></td><td></td><td></td><td></td><td></td></tr>
<tr><td>组织架构7.5</td><td></td><td></td><td></td><td></td><td></td><td></td></tr>
<tr><td>分工职责（个性介绍、职责条理）7.5</td><td></td><td></td><td></td><td></td><td></td><td></td></tr>
<tr><td>团队文化（Logo、口号、使命、目标）7.5</td><td></td><td></td><td></td><td></td><td></td><td></td></tr>
<tr><td colspan="2">四、特色创新加分 0－5</td><td></td><td></td><td></td><td></td><td></td><td></td></tr>
</table>

记录人：_____　记录时间：_____

市场营销 PPT 汇报记录表

小组 3：_____ 项目名称：_____

项目及分值			成员1	成员2	成员3	成员4	成员5	成员6
一、汇报情况 40	礼仪 20	礼仪开始 6						
		礼仪穿插和衔接 8						
		礼仪结束 6						
	演讲 20	声音洪亮、吐词清楚 6						
		表情大方、严肃认真 6						
		精神饱满、有职业状态 8						
二、PPT制作 30		字体大小合适、颜色对比清晰、布局规范 10						
		图文并茂、文图搭配合理、文字字数适当 10						
		有动态效果、音乐效果 10						
三、汇报内容 30		人员组成 7.5						
		组织架构 7.5						
		分工职责（个性介绍、职责条理）7.5						
		团队文化（Logo、口号、使命、目标）7.5						
四、特色创新加分 0-5								

记录人：_____ 记录时间：_____

市场营销 PPT 汇报记录表

小组 4：_____   项目名称：_____

<table>
<tr><th colspan="2">项目及分值</th><th>成员1</th><th>成员2</th><th>成员3</th><th>成员4</th><th>成员5</th><th>成员6</th></tr>
<tr><td rowspan="6">一、汇报情况 40</td><td>礼仪 20 — 礼仪开始 6</td><td></td><td></td><td></td><td></td><td></td><td></td></tr>
<tr><td>礼仪 20 — 礼仪穿插和衔接 8</td><td></td><td></td><td></td><td></td><td></td><td></td></tr>
<tr><td>礼仪 20 — 礼仪结束 6</td><td></td><td></td><td></td><td></td><td></td><td></td></tr>
<tr><td>演讲 20 — 声音洪亮、吐词清楚 6</td><td></td><td></td><td></td><td></td><td></td><td></td></tr>
<tr><td>演讲 20 — 表情大方、严肃认真 6</td><td></td><td></td><td></td><td></td><td></td><td></td></tr>
<tr><td>演讲 20 — 精神饱满、有职业状态 8</td><td></td><td></td><td></td><td></td><td></td><td></td></tr>
<tr><td rowspan="3">二、PPT 制作 30</td><td>字体大小合适、颜色对比清晰、布局规范 10</td><td></td><td></td><td></td><td></td><td></td><td></td></tr>
<tr><td>图文并茂、文图搭配合理、文字字数适当 10</td><td></td><td></td><td></td><td></td><td></td><td></td></tr>
<tr><td>有动态效果、音乐效果 10</td><td></td><td></td><td></td><td></td><td></td><td></td></tr>
<tr><td rowspan="4">三、汇报内容 30</td><td>人员组成 7.5</td><td></td><td></td><td></td><td></td><td></td><td></td></tr>
<tr><td>组织架构 7.5</td><td></td><td></td><td></td><td></td><td></td><td></td></tr>
<tr><td>分工职责（个性介绍、职责条理）7.5</td><td></td><td></td><td></td><td></td><td></td><td></td></tr>
<tr><td>团队文化（Logo、口号、使命、目标）7.5</td><td></td><td></td><td></td><td></td><td></td><td></td></tr>
<tr><td colspan="2">四、特色创新加分 0－5</td><td></td><td></td><td></td><td></td><td></td><td></td></tr>
</table>

记录人：_____   记录时间：_____

市场营销 PPT 汇报记录表

小组 5：_____ 项目名称：_____

<table>
<tr><th colspan="2">项目及分值</th><th>成员 1</th><th>成员 2</th><th>成员 3</th><th>成员 4</th><th>成员 5</th><th>成员 6</th></tr>
<tr><td rowspan="7">一、汇报情况 40</td><td rowspan="3">礼仪 20</td><td>礼仪开始 6</td><td></td><td></td><td></td><td></td><td></td></tr>
<tr><td>礼仪穿插和衔接 8</td><td></td><td></td><td></td><td></td><td></td></tr>
<tr><td>礼仪结束 6</td><td></td><td></td><td></td><td></td><td></td></tr>
<tr><td rowspan="3">演讲 20</td><td>声音洪亮、吐词清楚 6</td><td></td><td></td><td></td><td></td><td></td></tr>
<tr><td>表情大方、严肃认真 6</td><td></td><td></td><td></td><td></td><td></td></tr>
<tr><td>精神饱满、有职业状态 8</td><td></td><td></td><td></td><td></td><td></td></tr>
<tr><td colspan="7"></td></tr>
<tr><td colspan="2" rowspan="3">二、PPT 制作 30</td><td>字体大小合适、颜色对比清晰、布局规范 10</td><td></td><td></td><td></td><td></td><td></td></tr>
<tr><td>图文并茂、文图搭配合理、文字字数适当 10</td><td></td><td></td><td></td><td></td><td></td></tr>
<tr><td>有动态效果、音乐效果 10</td><td></td><td></td><td></td><td></td><td></td></tr>
<tr><td colspan="2" rowspan="4">三、汇报内容 30</td><td>人员组成 7.5</td><td></td><td></td><td></td><td></td><td></td></tr>
<tr><td>组织架构 7.5</td><td></td><td></td><td></td><td></td><td></td></tr>
<tr><td>分工职责（个性介绍、职责条理）7.5</td><td></td><td></td><td></td><td></td><td></td></tr>
<tr><td>团队文化（Logo、口号、使命、目标）7.5</td><td></td><td></td><td></td><td></td><td></td></tr>
<tr><td colspan="3">四、特色创新加分 0－5</td><td></td><td></td><td></td><td></td><td></td></tr>
</table>

记录人：_____ 记录时间：_____

市场营销 PPT 汇报记录表

小组 6：_____ 项目名称：_____

<table>
<tr><th colspan="2">项目及分值</th><th>成员1</th><th>成员2</th><th>成员3</th><th>成员4</th><th>成员5</th><th>成员6</th></tr>
<tr><td rowspan="8">一、汇报情况 40</td><td colspan="1"></td><td></td><td></td><td></td><td></td><td></td><td></td></tr>
<tr><td>礼仪开始 6（礼仪 20）</td><td></td><td></td><td></td><td></td><td></td><td></td></tr>
<tr><td>礼仪穿插和衔接 8</td><td></td><td></td><td></td><td></td><td></td><td></td></tr>
<tr><td>礼仪结束 6</td><td></td><td></td><td></td><td></td><td></td><td></td></tr>
<tr><td>声音洪亮、吐词清楚 6（演讲 20）</td><td></td><td></td><td></td><td></td><td></td><td></td></tr>
<tr><td>表情大方、严肃认真 6</td><td></td><td></td><td></td><td></td><td></td><td></td></tr>
<tr><td>精神饱满、有职业状态 8</td><td></td><td></td><td></td><td></td><td></td><td></td></tr>
<tr><td></td><td></td><td></td><td></td><td></td><td></td><td></td></tr>
<tr><td rowspan="3">二、PPT制作 30</td><td>字体大小合适、颜色对比清晰、布局规范 10</td><td></td><td></td><td></td><td></td><td></td><td></td></tr>
<tr><td>图文并茂、文图搭配合理、文字字数适当 10</td><td></td><td></td><td></td><td></td><td></td><td></td></tr>
<tr><td>有动态效果、音乐效果 10</td><td></td><td></td><td></td><td></td><td></td><td></td></tr>
<tr><td rowspan="4">三、汇报内容 30</td><td>人员组成 7.5</td><td></td><td></td><td></td><td></td><td></td><td></td></tr>
<tr><td>组织架构 7.5</td><td></td><td></td><td></td><td></td><td></td><td></td></tr>
<tr><td>分工职责（个性介绍、职责条理）7.5</td><td></td><td></td><td></td><td></td><td></td><td></td></tr>
<tr><td>团队文化（Logo、口号、使命、目标）7.5</td><td></td><td></td><td></td><td></td><td></td><td></td></tr>
<tr><td colspan="2">四、特色创新加分 0-5</td><td></td><td></td><td></td><td></td><td></td><td></td></tr>
</table>

记录人：_____ 记录时间：_____

附 2：项目实训材料参考范本

幻灯片 1

幻灯片 2

幻灯片 3

幻灯片 4

✿ 简介：阿拉熊的早点铺由一群在校大学生创办，经营各种早餐，早餐品种丰富，造型精致，美味可口，经济实惠。店铺位于苏州工业园区独墅湖高教区文星广场。

✿ 目标：开创餐饮消费新时尚，服务追求 高品位、个性化。

✿ 理念：健康、美味、营养、实惠。

✿ 口号：美好的一天从早餐开始，从阿拉熊开始。

制作人、主讲人：×××

幻灯片 5

CEO——张××

✿ 性格特征：有大局意识、有很独到的投资眼光，很强的策划能力、行事果断有魄力。

✿ 职责：
1. 对公司的一切重大经营运作事项进行决策，包括财务、经营方向、业务范围等；
2. 参与董事会的决策，执行董事会的决议；
3. 主持公司的日常业务活动；
4. 对外签订合同或处理业务；
5. 任免公司的高层管理人员；
6. 定期向董事会报告业务情况，提交年度报告。

制作人、主讲人：张××

幻灯片 6

人事总监——李××

✝ 性格特征：

1. 很强的计划性和实施执行的能力；有亲和力；很强的激励、沟通、协调、团队领导能力；有责任心、事业心。
2. 具备良好的人际交往能力、组织协调能力、沟通能力以及解决复杂问题的能力。
3. 具有丰富的人脉和人力资源储备信息。

职责：

1. 推动公司人力资源战略规划；
2. 完善公司人力资源管理体系流程；
3. 组织各项人力资源规划；
4. 推进管理团队的建设，发展公司企业文化。

制作人、主讲人：李××

幻灯片 7

财务总监——侯××

✝ 性格特点：对数字敏感、具有正直、公正的品格；乐观、外圆内方的性格；良好的沟通能力。

✝ 职责：1.总管公司会计、报表、预算工作；

2.负责制定公司利润计划、资本投资、财务规划、销售前景、开支预算或成本标准；

3.制定和管理税收政策方案及程序；

4.组织公司有关部门开展经济活动分析，组织编制公司财务计划、成本计划，努力降低成本、增收节支、提高效益；

5.监督部门和员工遵守国家财经法令、纪律。

制作人、主讲人：侯××

幻灯片 8

项目一 认知市场营销,组建项目团队

策划总监——范××

✚ 性格特征:有想法、有想象力;善于沟通、协调,且具有强烈的责任感和事业心。

✚ 职责:
1. 组织研究拟定公司营销及市场开发方面的发展规划;
2. 组织编制年度营销计划及营销费用、内部利润指标等计划;
3. 组织拟订营销业务管理的各种规定、制度和内部机构设置。

制作人、主讲人:范××

幻灯片 9

市场总监——龚××

✚ 性格特征:有较强的市场感知能力,可敏锐地把握市场动态和市场方向;具备良好的沟通合作技巧及丰富的团队建设经验。

✚ 职责:
1. 寻找市场机会,确定市场营销战略和贯彻战略决策的行动计划,完成企业的营销工作;
2. 及时、准确地向企业的各个部门传递市场及企业的要求,做好信息沟通工作;
3. 负责企业市场营销战略计划的执行,在计划实施过程中,对执行过程进行控制,做好内部协调。

制作人、主讲人:龚××

幻灯片 10

幻灯片 11

项目二
开展环境分析,评估项目前景

项目实训目标

1. 了解项目环境分析的基本概念、理论;
2. 运用环境分析基本概念和理论,进行项目宏微观环境分析;
3. 在项目宏微观环境分析中培养自我分析认知、团队分工、项目组建等能力及沟通意识、合作意识、团队意识。

● 团队热身

本小组项目优劣分析

每个小组结合自身情况,对本小组项目的优势、劣势、项目面临的机遇以及挑战进行讨论、分析,然后进行交流发言。

表 2-1　项目情况分析表

项目组名称		
项目经营范围		
优势	内部	
	外部	
劣势	内部	
	外部	
机遇	内部	
	外部	
挑战	内部	
	外部	

他山之石

肯德基在中国

肯德基中国，是全球肯德基的奇迹。在美国，快餐帝国是轮不到它的。肯德基中国的崛起，是肯德基彻底中国化的结果。人们一讲到西方文化对中国文化的侵入时，就喜欢用快餐文化举例。但在肯德基和麦当劳的角逐上，我看到的并非是侵入,而是同化。事实上,数千年来,中华文明从来未被征服过,正相反,它在不断地同化外来的文明。

肯德基在中国二十年,已经彻底让自己从灵魂深处改造成了一个中国企业。虽然有些员工说话有时还夹带着几个英文单词,但重要的是行事风格、经营手法是非常中国化的。与麦当劳坚持自己是一家快餐连锁店不同,实际上,肯德基对自己的定位是:餐厅(不是快餐店)。很少有快餐厅像肯德基那样变换菜谱的。肯德基的这种改进是很符合国人的深层文化结构的:不是吃为了生存,而是生存为了能吃。中国人对吃食的要求高到超出外国人的想象,以至于很多外国人第一次吃中国菜惊讶得要把手指头都吃进去了。而且,中国人的吃食是很讲"和谐性"的,也就是要把各种原材料有机地结合起来,不像老外连个盐都得上了菜自己放。即使是为了赶路不得已而吃快餐速食,中国人也是要稍微讲究一下的。只是填饱肚子去吃,是不入流的行为。肯德基在中国的成功,登陆早当然是原因之一,更重要的是,就算是快餐,肯德基也是讲究的。在固定的标准化框架下做一些局部的更新、改良和修正,中国人的生活本来就是这样的。是故,中国化的肯德基成功理所当然。

(案例来源:http://www.shumeishi.com/difangcaixi/20160403/125407.html)

思考:肯德基的成功对我们项目进行环境分析有何启示?

研读并讨论以上案例,以小组为单位,每组派一代表发言。

千里之行

理论知识认知

一、市场营销环境概述

市场营销环境是指存在于企业营销系统外部的不可控制或难以控制的因素和力量,这些因素和力量是影响企业营销活动及其目标实现的外部条件。市场营销环境包括微观环境和宏观环境。

（一）微观环境

市场营销微观环境即直接营销环境,指与企业紧密相连,直接影响企业营销能力的各种参与者,主要包括企业本身、供应商、营销中介、顾客、竞争者及社会公众。

图2-1 市场营销微观环境

1. 企业本身

一方面,企业营销部门制定规划,必须以企业高层管理者的目标战略为依据,报最高管理层批准后执行;另一方面,企业营销部门必须和企业内部其他职能部门,如研发、制造、采购、财务、后勤等部门有效沟通,营造良好的企业内部环境。

2. 供应商

供应商是指向企业及竞争者提供生产经营所需资源的企业或个人。供应商对企业营销活动有重要影响,其所供应的原材料数量和质量将直接影响企业产品的数量和质量,所供应原材料的价格会直接影响产品的成本、利润和价格。供应商供货的稳定性、及时性、质量水平、价格水平都会对企业营销活动产生影响。

3. 营销中介

营销中介是指协助企业促销、销售和经销其产品给最终购买者的企业或个人,包括中间商(经销商、代理商)、实体分配公司(运输公司、仓储公司)、营销服务机构(营销调研公司、广告公司、传播媒介公司)和金融中介机构(银行、信托公司)。这些组织都是营销所不可缺少的中间环节,大多数企业的营销活动都需要他们的协助才能顺利进行。商品经济愈发达,社会分工愈细,中介机构的作用愈大。如随着生产规模的增加,降低产品的配送成本就显得越来越重要,于是适应这种需求的生产性服务行业就得到了发展。企业在营销过程中,必须处理好同这些中介机构的合作关系。

4. 顾客

顾客是指最终使用产品或服务的消费者或生产者,是企业营销活动的出发点和归宿。企业要投入很多的精力去研究顾客的真实需求情况,在产品营销的方方面面都要充分考虑到他们的要求,并尽可能去满足他们的需求,否则企业的营销活动就会陷入"对牛弹琴"的局面。企业营销活动本质上就是围绕顾客需求而展开的。

5. 竞争者

每个企业都会面临竞争,与同行的竞争是不可避免的,因此在考虑市场营销策略时,必须关注竞争者的信息。我们可以将企业的竞争对手分为四种:

(1) 品牌竞争者,是指品牌不同,但满足需要的功能、形式相同的产品之间的竞争。如轿车中的"奔驰"、"宝马"以及"别克"等品牌之间的竞争。这是企业最直接而明显的竞争对手。这类竞争者的产品内在功能和外在形式基本相同,但因出于不同厂家之手而品牌不同。有关企业通过在消费者和用户中培植品牌偏好,而展开市场竞争。

(2) 形式竞争者,是指较品牌竞争者更深一层次的竞争者,即各个竞争者产品的基本功能相同,但形式、规格和性能或档次不同。如自行车既有普通轻便车,又有性能更优良的山地车,厂家通过在顾客中发掘和培养品牌偏好,来展开市场竞争。

(3) 普通竞争者,是指能提供不同的产品以满足消费者相同需求的竞争者。如汽车、摩托车或自行车都能满足消费者对交通工具的需要,消费者只能选择其中一种。

(4) 愿望竞争者,是指提供不同的产品以满足消费者不同需求的竞争者。

如房地产公司与汽车制造商为争夺顾客而展开的竞争。顾客现有的钱如用于汽车购买则不能用于房子购买,汽车制造商与房地产公司实际是针对购买者当前所要满足的各种愿望展开争夺。

6. 社会公众

社会公众是指对一个组织实现其营销有着实际或潜在利益关系和影响力的群体或个人,包括政府公众、金融公众、媒体公众、社团公众、社区公众、内部公众、一般公众。所有企业都必须积极行动,以保持与社会主要公众间的良好关系。

(二) 宏观环境

市场营销宏观环境也称为间接营销环境,指影响企业营销活动的一系列巨大的社会力量和因素,主要包括人口、经济、自然环境、技术环境、社会文化环境以及政治法律环境等因素。

1. 人口环境

人口是构成市场的第一位因素。人口的多少直接决定着市场的潜在容量,而人口的数量、结构、地理分布及流动等人口特性会对市场格局产生深刻影响,并直接影响着企业的市场营销活动。

(1) 人口数量:这是决定市场规模和潜量的一个基本要素,按人口数目可大略推算出市场规模。如我国人口众多,是一个巨大的市场。

(2) 人口结构:主要包括人口的年龄结构、性别结构、家庭结构、社会结构以及民族结构。不同年龄的消费者对商品的需求不一样。男性与女性在消费心理与行为、购买商品类别、购买决策等方面有很大的不同。

(3) 人口的地理分布及流动:人口的地理分布是指人口在不同的地理区域的密集程度。分布在不同区域的人口具有不同的需求特点和消费习惯。人口的地理分布与企业的营销决策尤其是策划销售渠道策略有着密切的关系。

> **课堂互动：**
> 请问我国目前人口的流动呈现哪些趋势？
> **要点：**
> 从农村流入城市；从内地迁入沿海地区和工矿企业集中地区；因公出差、旅游、异地培训学习的人口逐年增多。

2. 经济环境

经济环境指影响企业营销活动的购买力因素，包括消费者收入水平、消费支出模式等内容。

（1）消费者收入水平。

消费者收入水平对企业营销活动影响极大。不同收入水平的消费者，其消费的项目品质是不同的，对价格的承受能力也是不同的。

① 个人可支配收入。这是在个人收入中扣除税款等后所得的余额，它是个人收入中可以用于消费支出或储蓄的部分，它构成实际的购买力。

② 个人可任意支配收入。这是在个人可支配收入中减去用于维持个人与家庭生存不可缺少的费用（如房租、水电、食物、衣着等项开支）后剩余的部分。这部分收入是消费需求变化中最活跃的因素，也是企业开展营销活动时所要考虑的主要对象。因为这部分收入主要用于满足人们基本生活需要之外的开支，一般用于购买高档耐用消费品、旅游、储蓄等，它是影响非生活必需品和劳务销售的主要因素。

③ 家庭收入。家庭收入的高低会影响很多产品的市场需求。一般来讲，家庭收入高，对消费品需求大，购买力也大；反之，家庭收入低，需求小，购买力也小。

（2）消费者支出模式。

这是指消费者各种消费支出的比例关系，也就是常说的支出结构。在收入一定的情况下，消费者会根据消费的紧急程度进行排序，温饱是首先要满足的需求。

当家庭收入增加时,用于购买食物的支出比例下降,而用于服装、交通、保健、娱乐、教育的支出比例上升。这一研究结论被称为"恩格尔定律",通常用恩格尔系数来描述:

$$恩格尔系数 = 食品支出金额/家庭消费支出总金额$$

恩格尔系数在59%以上为贫困,50% - 59%为温饱,40% - 50%为小康,30% - 40%为富裕,低于30%为最富裕。因此,食物支出占总消费量的比重越大,恩格尔系数越高,生活水平越低;反之,食物支出所占比重越小,恩格尔系数越小,生活水平越高。恩格尔系数反映了人们收入增加时支出变化的一般趋势,已成为衡量一个国家、地区、城市、家庭生活水平高低的重要参数。

3. 自然环境

自然资源日益短缺,环境污染日益严重,政府对自然资源的管理和干预不断加强。因此,企业在营销活动中要善于抓住环保中的机会,推出绿色产品、绿色营销,以适应世界环保潮流。

4. 技术环境

新技术是一种"创造性的毁灭力量"。科学技术是社会生产力的新的和最活跃的因素,作为营销环境的一部分,技术环境不仅直接影响企业内部的生产和经营,还同时与其他环境因素互相依赖、相互作用,特别与经济环境、文化环境的关系更紧密,尤其是新技术革命,给企业市场营销既造就了机会,又带来了威胁。例如,一种新技术的应用,既可以为企业创造一个明星产品,产生巨大的经济效益,也可以迫使企业的某一传统优势产品退出市场。新技术的应用还会引起企业市场营销策略、经营管理方式以及消费者购买行为发生变化。

5. 社会文化环境

社会文化环境一般指在一种社会形态下形成的价值观念、宗教信仰、道德规范以及世代相传的风俗习惯等被社会所公认的各种行为规范,具体包括一个国家或地区的价值观念、生活方式、风俗习惯、民族特征、宗教信仰、伦理道德、教育水平、文学艺术等内容的总和。

企业的市场营销人员应分析、研究和了解社会文化环境,以针对不同的文化环境制定不同的营销策略。在研究社会文化环境时,还要重视亚文化群对消费需求的影响。每一种社会文化的内部都包含若干亚文化群。因此,企业市场营销人员在进行社会和文化环境分析时,可以把每一个亚文化群视为一个细分市场,生产经营适销对路的产品,满足顾客需求。

6. 政治法律环境

政治环境是指企业市场营销活动的外部政治形势状况,以及国家的各类方针政策;法律环境是指国家或地方政府颁布的各项法规、法令、条例等。

二、市场营销环境分析方法

在对企业的宏观、微观环境研究与分析基础上,还应对企业市场营销环境进行综合分析,以便对营销环境做出总体评价,为营销战略的制定提供可靠的依据。

通常我们使用SWOT分析法对企业的环境进行总体分析。所谓SWOT分析,即基于内外部竞争环境和竞争条件下的态势分析,就是将与研究对象密切相关的各种主要内部优势、劣势和外部的机会、威胁等,通过调查列举出来,并依照矩阵形式排列,然后用系统分析的思想,把各种因素相互匹配起来加以分析,从中得出一系列相应的结论,这种结论通常带有一定的决策性。

运用这种方法,可以对研究对象所处的情景进行全面、系统、准确的研究,从而根据研究结果制定相应的发展战略、计划以及对策等。SWOT分析法常常被用于制定企业发展战略和分析竞争对手情况。SWOT分别是"优势"——Strengths、"劣势"——Weaknesses、"机遇"——Opportunities、"威胁"——Threats四个英文单词的第一个字母的缩写。其中,S、W是内部因素,O、T是外部因素。按照企业竞争战略的完整概念,战略应是一个企业"能够做的"(即组织的强项和弱项)和"可能做的"(即环境的机会和威胁)之间的有机组合。通过SWOT分析,可以结合环境对企业的内部能力和素质进行评价,弄清楚企业相对于其他竞争者所处的相对优势和劣势,帮助企业制定竞争战略。

（一）企业优势和劣势

企业优势和劣势分析实质上就是企业内部经营条件分析,或称企业实力分析。

优势是指企业相对于竞争对手而言所具有的优势人力资源、技术、产品以及其他特殊实力。充足的资金来源、高超的经营技巧、良好的企业形象、完善的服务体系、先进的工艺设备、与买方和供应商长期稳定的合作关系、融洽的雇员关系、成本优势等,都可以形成企业优势。

劣势是指影响企业经营效率和效果的不利因素和特征,他们使企业在竞争中处于劣势地位。一个企业潜在的弱点主要表现在以下几个方面：缺乏明确的战略导向、设备陈旧、盈利较少甚至亏损、缺乏管理和知识、缺少某些关键的技能、内部管理混乱、研究和开发工作落后、企业形象较差、销售渠道不畅、营销工作不得力、产品质量不高、成本过高等。

（二）环境机会和威胁

企业的机会与威胁均存在于市场环境中,因此,机会与威胁分析实质上就是对企业外部环境因素变化的分析。市场环境的变化会给企业带来机会,也会给企业造成威胁。环境因素的变化对某一企业是不可多得的机会,但对另外一家企业则可能意味着灭顶之灾。

环境提供的机会能否被企业利用,同时,环境变化产生的威胁能否有效化解,取决于企业对市场变化反映的灵敏程度和实力。最理想的市场机会是那些与企业优势达到高度匹配的机会,而恰好与企业弱点结合的不利因素将不可避免地消耗企业大量资源。

牛刀小试

案例分析与交流

第一步：个人单独完成以下案例分析，写出要点；

第二步：小组每人轮流发言，同时其他成员记录发言人要点；

第三步：形成小组答案总要点；

第四步：以小组为单位在班级交流；

第五步：由各小组选取案例以表演的形式进行模拟展示，说明本小组的观点和见解，其他小组进行记录评价。

【案例】

"霸道，你不得不尊敬"引起的风波

两则丰田公司汽车广告曾在网络上引起不小的波澜。其一为刊登在《汽车之友》第12期杂志上的"丰田霸道"广告：一辆霸道汽车停在两只石狮子之前，一只石狮子抬起右爪做敬礼状，另一只石狮子向下俯首，背景为高楼大厦，配图广告语为"霸道，你不得不尊敬"；其二为"丰田陆地巡洋舰"广告：该汽车在雪山高原上以钢索拖拉一辆绿色中国产大卡车，拍摄地址在可可西里。很多网友认为，石狮子有象征中国的意味，"丰田霸道"广告却让它们向一辆日本品牌的汽车"敬礼""鞠躬"。"考虑到卢沟桥、石狮子、抗日三者之间的关系，更加让人愤恨"。对于拖拽卡车的"丰田陆地巡洋舰"广告，很多人则认为，广告图中的卡车系"国产东风汽车，绿色的东风卡车与我国的军车非常相像"。为此，众多中国网友在各大网站发表言论，认为丰田公司的两则广告侮辱了中国人的感情，伤害了中国人的自尊。

事情发生后，丰田公关部的一位小姐说："丰田汽车的广告业务主要由丰田

销售公司来运作。公司这两天的确接到很多电话,都是有关丰田这两款汽车广告的,这个问题我们正在研究。"而制作这两则广告的盛世长城国际广告公司,也承认自己接到非常多的询问电话。该公司一位不愿透露姓名的女士回答:"我们已经知道广告这件事,也看到了网上的相关评论。公司对此次事件非常重视,正在做出相应的应对措施。具体的举措我们现在还不能透露。就这样吧,就这样吧。"随后挂断了电话。

项目实训

项目环境分析

1. 任务描述

对本小组项目进行环境分析,制作PPT,并进行汇报。

2. 具体要求

(1)礼仪和演讲。注意礼仪开场和收尾以及中间的穿插和衔接;汇报演讲中声音洪亮、吐词清楚、表情大方、严肃认真、精神饱满、有职业状态。

(2)PPT制作精美。字体大小合适、颜色对比清晰、布局规范、图文并茂、文图搭配合理、文字字数适当,有动态效果、音乐效果。

(3)项目组全体成员参与,有明确分工。团队成员各人负责不同部分的内容准备、PPT制作和汇报,在PPT右下角注明制作人、演讲人。

(4)有一定的创新,符合小组项目的情况,体现小组项目的特色。

(5)内容完整。要求涉及环境分析的各方面,具体如表2-2所示。

表 2-2　市场营销环境分析要素一览表

项目	分类	内容	S	W	O	T
微观	项目本身	团队				
		使命				
		理念				
		口号				
		产品				
	供应商	原料1_____ 供应商1_____				
		原料2_____ 供应商2_____				
		原料3_____ 供应商3_____				
		……				
	营销中介	如有,则分析				
	顾客	年龄、收入、消费特点等				
	竞争者（品牌竞争者）	竞争者1_____				
		竞争者2_____				
		竞争者3_____				
		……				
	社会公众	政府公众				
		金融公众				
		媒体公众				
		社团公众				
		社区公众				
		内部公众				
		一般公众				
宏观	人口	数量				
		结构				
		地理分布及流动				
	经济	消费者收入（家庭、个人可支配收入、个人可任意支配收入）				
		消费者支出结构				
	自然	与项目有关的自然资源、绿色、环保营销等				
	技术	项目会采用什么新技术				
	社会文化	项目是否符合当地的价值观念、宗教信仰、道德规范以及世代相传的风俗习惯				
	政策法令	国家或地方政府颁布的各项法规、法令、条例等哪些对项目有利。如有不利,如何解决				

附：项目实训 PPT 汇报记录表

市场营销 PPT 汇报记录表

小组 1：_____　项目名称：_____

项目及分值			成员1	成员2	成员3	成员4	成员5	成员6
一、汇报情况 40	礼仪 20	礼仪开始 6						
		礼仪穿插和衔接 8						
		礼仪结束 6						
	演讲 20	声音洪亮、吐词清楚 6						
		表情大方、严肃认真 6						
		精神饱满、有职业状态 8						
二、PPT制作 30	字体大小合适、颜色对比清晰、布局规范 10							
	图文并茂、文图搭配合理、文字字数适当 10							
	有动态效果、音乐效果 10							
三、汇报内容 30	微观 15							
	宏观 15							
四、特色创新加分 0-5								

记录人：_____　记录时间：_____

市场营销 PPT 汇报记录表

小组 2：_____ 项目名称：_____

项目及分值			成员 1	成员 2	成员 3	成员 4	成员 5	成员 6
一、汇报情况 40	礼仪 20	礼仪开始 6						
		礼仪穿插和衔接 8						
		礼仪结束 6						
	演讲 20	声音洪亮、吐词清楚 6						
		表情大方、严肃认真 6						
		精神饱满、有职业状态 8						
二、PPT制作 30		字体大小合适、颜色对比清晰、布局规范 10						
		图文并茂、文图搭配合理、文字字数适当 10						
		有动态效果、音乐效果 10						
三、汇报内容 30		微观 15						
		宏观 15						
四、特色创新加分 0－5								

记录人：_____ 记录时间：_____

市场营销 PPT 汇报记录表

小组 3：＿＿＿＿＿＿＿＿＿＿　　项目名称：＿＿＿＿＿＿＿＿＿＿

项目及分值			成员1	成员2	成员3	成员4	成员5	成员6
一、汇报情况40	礼仪20	礼仪开始6						
		礼仪穿插和衔接8						
		礼仪结束6						
	演讲20	声音洪亮、吐词清楚6						
		表情大方、严肃认真6						
		精神饱满、有职业状态8						
二、PPT制作30		字体大小合适、颜色对比清晰、布局规范10						
		图文并茂、文图搭配合理、文字字数适当10						
		有动态效果、音乐效果10						
三、汇报内容30		微观15						
		宏观15						
四、特色创新加分0-5								

记录人：＿＿＿＿＿＿＿＿　　记录时间：＿＿＿＿＿＿＿＿

市场营销 PPT 汇报记录表

小组 4：_____ 项目名称：_____

项目及分值			成员1	成员2	成员3	成员4	成员5	成员6
一、汇报情况40	礼仪20	礼仪开始6						
		礼仪穿插和衔接8						
		礼仪结束6						
	演讲20	声音洪亮、吐词清楚6						
		表情大方、严肃认真6						
		精神饱满、有职业状态8						
二、PPT制作30		字体大小合适、颜色对比清晰、布局规范10						
		图文并茂、文图搭配合理、文字字数适当10						
		有动态效果、音乐效果10						
三、汇报内容30		微观15						
		宏观15						
四、特色创新加分0-5								

记录人：_____ 记录时间：_____

市场营销 PPT 汇报记录表

小组 5：_____ 项目名称：_____

<table>
<tr><th colspan="2">项目及分值</th><th>成员1</th><th>成员2</th><th>成员3</th><th>成员4</th><th>成员5</th><th>成员6</th></tr>
<tr><td rowspan="6">一、汇报情况 40</td><td>礼仪20 — 礼仪开始6</td><td></td><td></td><td></td><td></td><td></td><td></td></tr>
<tr><td>礼仪20 — 礼仪穿插和衔接8</td><td></td><td></td><td></td><td></td><td></td><td></td></tr>
<tr><td>礼仪20 — 礼仪结束6</td><td></td><td></td><td></td><td></td><td></td><td></td></tr>
<tr><td>演讲20 — 声音洪亮、吐词清楚6</td><td></td><td></td><td></td><td></td><td></td><td></td></tr>
<tr><td>演讲20 — 表情大方、严肃认真6</td><td></td><td></td><td></td><td></td><td></td><td></td></tr>
<tr><td>演讲20 — 精神饱满、有职业状态8</td><td></td><td></td><td></td><td></td><td></td><td></td></tr>
<tr><td rowspan="3">二、PPT制作 30</td><td>字体大小合适、颜色对比清晰、布局规范10</td><td></td><td></td><td></td><td></td><td></td><td></td></tr>
<tr><td>图文并茂、文图搭配合理、文字字数适当10</td><td></td><td></td><td></td><td></td><td></td><td></td></tr>
<tr><td>有动态效果、音乐效果10</td><td></td><td></td><td></td><td></td><td></td><td></td></tr>
<tr><td rowspan="2">三、汇报内容 30</td><td>微观15</td><td></td><td></td><td></td><td></td><td></td><td></td></tr>
<tr><td>宏观15</td><td></td><td></td><td></td><td></td><td></td><td></td></tr>
<tr><td colspan="2">四、特色创新加分 0－5</td><td></td><td></td><td></td><td></td><td></td><td></td></tr>
</table>

记录人：_____ 记录时间：_____

市场营销 PPT 汇报记录表

小组6：_____ 项目名称：_____

<table>
<tr><th colspan="3">项目及分值</th><th>成员1</th><th>成员2</th><th>成员3</th><th>成员4</th><th>成员5</th><th>成员6</th></tr>
<tr><td rowspan="6">一、汇报情况40</td><td rowspan="3">礼仪20</td><td>礼仪开始6</td><td></td><td></td><td></td><td></td><td></td><td></td></tr>
<tr><td>礼仪穿插和衔接8</td><td></td><td></td><td></td><td></td><td></td><td></td></tr>
<tr><td>礼仪结束6</td><td></td><td></td><td></td><td></td><td></td><td></td></tr>
<tr><td rowspan="3">演讲20</td><td>声音洪亮、吐词清楚6</td><td></td><td></td><td></td><td></td><td></td><td></td></tr>
<tr><td>表情大方、严肃认真6</td><td></td><td></td><td></td><td></td><td></td><td></td></tr>
<tr><td>精神饱满、有职业状态8</td><td></td><td></td><td></td><td></td><td></td><td></td></tr>
<tr><td rowspan="3">二、PPT制作30</td><td colspan="2">字体大小合适、颜色对比清晰、布局规范10</td><td></td><td></td><td></td><td></td><td></td><td></td></tr>
<tr><td colspan="2">图文并茂、文图搭配合理、文字字数适当10</td><td></td><td></td><td></td><td></td><td></td><td></td></tr>
<tr><td colspan="2">有动态效果、音乐效果10</td><td></td><td></td><td></td><td></td><td></td><td></td></tr>
<tr><td rowspan="2">三、汇报内容30</td><td colspan="2">微观15</td><td></td><td></td><td></td><td></td><td></td><td></td></tr>
<tr><td colspan="2">宏观15</td><td></td><td></td><td></td><td></td><td></td><td></td></tr>
<tr><td colspan="3">四、特色创新加分0－5</td><td></td><td></td><td></td><td></td><td></td><td></td></tr>
</table>

记录人：_____ 记录时间：_____

项目三 进行市场细分,研究项目市场

 项目实训目标

1. 了解项目市场细分的基本概念、理论;
2. 运用市场细分基本概念和理论,进行项目市场细分;
3. 在项目市场细分中培养自我分析认知、团队分工、项目组建、沟通意识、合作意识、团队意识等能力。

○ 团队热身

项目目标客户讨论

各小组根据前述章节确定的项目,讨论本小组项目针对的人群,分析该群体的特点,然后进行汇报交流。

他山之石

左撇子商店

一名德国人发现商店卖的工具都是右手使用的工具,分析这个现象他发现:

(1) 有些工具左撇子用不了;

(2) 德国人11%是左撇子;

(3) 左撇子希望买到合心意的工具。

于是他开了间左撇子工具公司,生意兴隆。

思考:这个德国人是怎样进行市场定位的?

研读并讨论以上案例,以小组为单位,每组派一代表发言。

千里之行

理论知识认知

一、市场细分

(一)市场细分概述

市场细分的概念是美国市场学家温德尔·史密斯(Wendell R. Smith)于1956年提出来的。温德尔·史密斯按照消费者欲望与需求把因规模过大导致企业难以服务的总体市场划分成若干具有共同特征的子市场,处于同一细分市场的消费群被称为目标消费群,相对于大众市场而言这些目标子市场的消费群就是分众市场。

市场细分是第二次世界大战结束后,美国众多产品市场由卖方市场转化为买方市场这一新的市场形势下企业营销思想和营销战略的新发展,更是企业贯彻以消费者为中心的现代市场营销观念的必然产物。

所谓市场细分,就是企业根据消费者明显的不同的特性(依据),把一种产品整体市场分割为两个或更多个分市场(过程),每个分市场都是由需要与欲望相同的消费者群组成,从而确定目标市场(目的)的过程。

(二)市场细分的作用

1. 有利于企业发现新的市场机会,有效拓展新市场,扩大市场占有率;

2. 有利于企业合理配置和使用资源;

3. 有利于企业开发新产品,提高竞争能力。

(三)市场细分的依据

市场细分依据消费品市场和生产者市场的不同而有不同的细分标准。

1. 消费品市场细分标准

消费品市场的细分标准可以概括为地理因素、人口因素、心理因素和行为因素四方面。

(1)地理因素。根据消费者所处的地理、自然环境等变量来细分市场称为"地理环境细分",地理环境变量包括国家、地区、城市、农村、城市规模、人口密度、气候、地形、地貌、生产力布局、交通运输和通信条件等。例如,希尔顿酒店根据地域打造不同风格的酒店房间和大堂:美国东北部的酒店更富有都市风格,美国西南部的酒店则更具乡村韵味。

(2)人口因素。人口因素的具体细分项目有性别、年龄、文化程度、民族、宗教信仰、家庭规模、民族、职业等因素。例如,有些洗面奶、护肤品按照性别、年龄进行市场细分;工作服按照职业进行市场细分;房子的户型按照家庭规模进行市场细分。

(3)心理因素。心理因素的细分项目又包括:

① 按消费者的生活方式进行市场细分。生活方式是影响消费者的欲望和需求的一个重要因素。人们生活方式不同,对商品的需求也就不同。因此,越来越多的企业按照消费者的生活方式来细分市场,为生活方式不同的消费者群体

设计不同的产品和安排不同的市场营销组合。

② 按照消费者的个性进行市场细分。个性是一个人比较稳定的个性倾向和心理特征,会导致一个人对其所处环境做出相对一致和持续不断的反应。为此,营销者越来越注意给他们的产品赋予品牌个性,树立品牌形象,以符合相对应的目标消费者的个性。例如,服装企业根据消费者的个性将产品分为家居服、森女系服装、小清新服装、文艺范服装。

(4) 行为因素。根据消费者不同的消费行为来细分市场称为行为细分。

2. 生产者市场细分标准

生产者市场的细分标准可以分为按产品最终用户、购买者地理位置、购买者经营规模、购买者行业特点四方面。

(1) 按产品的最终用户细分。企业按生产者市场上产品最终用户的不同,制订不同的营销策略,以满足不同用途生产者的需要和提供相应的售前、售中、售后服务。

(2) 按购买者的地理位置细分。每个国家和地区,都在一定程度上受自然资源、气候条件和历史文化传统等因素的影响,形成了若干工业区。因此,生产者市场往往比消费者市场更为集中。按购买者地理位置细分市场,使企业目标放在用户集中的地区,有利于节省推销人员往返于不同客户之间的时间、费用,有利于节省营销成本,提高企业经济效益。

(3) 按购买者的经营规模细分。购买者经营规模的大小,决定其购买能力的大小。企业可以针对客户的不同特点,作为生产者市场的细分标准。

(4) 按购买者的行业特点细分。生产者市场的购买者是由许多行业构成的,每个行业明显地表现出自身的特点。按行业划分市场,使企业目标更加集中,容易研究掌握市场变化、发展趋势,更好地满足生产者市场的需要。

(四) 市场细分的方法

1. 单因素细分法

这是指根据市场营销调研结果,选择影响消费者或用户需求最主要的因素作为细分变量,从而达到市场细分的目的。例如,购买不同女性化妆品差异的主要影响因素是年龄,可以针对不同年龄段的女性设计适合不同需要的化妆品。

2. 双因素细分法

这是根据影响市场需求的两种因素的组合对整体市场进行细分。例如,服装市场可以按照人口因素中的年龄和性别两个因素进行市场细分,共划分为十个细分市场,如表4-1。

表4-1 按年龄和性别双因素进行分类的市场细分表

性别	婴儿	儿童	青年	中年	老年
女	女婴市场	女童市场	青年女性市场	中年女性市场	老年女性市场
男	男婴市场	男童市场	青年男性市场	中年男性市场	老年男性市场

3. 多因素细分法

这是指用影响消费需求两种以上的因素对整体市场进行综合细分。例如,用使用率、收入水平、年龄三个因素可将女性葡萄酒市场划分为不同的细分市场。

课堂互动:

对食盐、白糖、火柴等商品市场是否需要进行市场细分?

要点:

不需要,因为食盐、白糖、火柴等商品属于同质性较高的商品,并且是日用品,所有消费者都需要使用。

(五) 市场细分的步骤

市场细分的步骤如下:

1. 定产品范围,即确定进入什么行业,生产什么产品。

2. 列举潜在顾客的基本需求。

3. 分析潜在顾客的不同需求。

4. 剔除潜在顾客的共同需求。

5. 划分不同的细分市场,并给每个细分市场赋予一个名称。

6. 进一步分析每个细分市场的特点,作进一步细分或合并。

7. 评估各细分市场的规模和潜力,从中选择企业的目标市场。

> **课堂互动:**
>
> 对某一行业(如自行车、洗发水、方便面、计算机、手机、汽车等)的市场进行细分。
>
> **要点:**
>
> 按照上述步骤选定行业进行市场细分,分类依据科学明确即可。

二、目标市场

(一)目标市场的概念

目标市场是指企业在市场细分的基础上,经过分析、比较所确定的作为自己营销对象的顾客群体。它可以是一个细分市场、若干个细分市场,也可以是整个市场。

对细分市场进行评估的目的,在于弄清这些细分市场是否具有值得企业进入的各种条件及其程度如何,然后对目标市场进行选择。

(二)有效细分市场的标准

1. 可衡量性

可衡量性是指细分市场是可以识别和衡量的,也就是说细分市场的大小、购买力、特性应该是能够加以衡量的;细分出来的市场不仅范围明确,而且对其容量大小能大致作出判断。比如,以地理因素、消费者的年龄和经济状况进行细分时,这些消费者的特征就很容易衡量;而以消费者心理因素和行为因素进行市场细分时,其特征就很难衡量。

2. 可盈利性

可盈利性即所选择的细分市场有足够的需求量和发展潜力,以使企业获得长期的利润。一个细分市场应该是值得为之设计一套营销规划方案的尽可能大的同质群体。比如,设计制造侏儒车,对汽车制造商来说是不合算的。过分小众的市场无法给企业带来盈利。

3. 可区分性(差异性)

可区分性是指细分市场上消费者对商品需求上的差异性能够明确加以反映和说明,能清楚界定。比如,在未婚和已婚妇女中,对香水销售的反应基本相同,那么该细分不应当延续。而对玫瑰花市场,采用时间标准进行划分,差异就非常明显。

4. 可进入性

可进入性,即企业在现有资源条件下,营销工作有可行性。比如,通过适当的营销渠道,产品可以进入所选中的目标市场;通过适当的媒体可以将产品信息传达到目标市场,并使有兴趣的消费者通过适当的方式购买到产品。

5. 稳定性

细分市场在一定时期内保持相对稳定,以便企业制定较长期的营销策略,有效开拓并占领该目标市场,获取预期收益。

(三)选择目标市场

市场经过细分、评估后,可能得出许多可供进军的细分市场,这时企业就要进一步作出市场细分的决策,即决定向哪个市场或多少个市场进军,也就是作出市场覆盖宽度的决策。一般有五种市场覆盖模式:

1. 市场集中化模式

市场集中化模式是指企业只选取一个细分市场,只生产一种产品,供应单一的顾客群。比如,某服装厂只生产女童的服装。

这是一种容易进入市场的方式,但不是长期发展方式,在以下情况下可采取市场集中化模式:企业具备在该细分市场从事专业化经营并能取胜的优势条件；限于资金能力，只能经营一个细分市场；该细分市场中没有竞争对手；准备以单一产品市场为出发点，取得成功后向更多的细分市场扩展。

2. 产品专业化模式

产品专业化模式是指企业集中生产一种产品，并向各类细分市场销售这种产品。

产品专业化模式的特点：企业专注于某一种或某一类产品的生产，有利于形成和发展生产和技术上的优势，在该专业产品领域树立形象。比如，海尔公司专心做冰箱7年；百得电动工具专门生产世界一流的电动设备。

3. 市场专业化模式

市场专业化模式是指企业生产满足某一类顾客群体的需要，专门生产这类消费者需要的各类产品。比如，某工厂机械公司专门向建筑业用户供应推土机、打桩机、起重机等建筑工程所需要的机械设备；政府的一级供应商等。

这种模式的缺点：由于集中于某一类顾客，当这类顾客由于某种原因需求下降时，企业也会遇到收益下降的风险。

4. 选择专业化模式

选择专业化模式是指企业选取若干个具有良好营利能力和发展潜力，且符合企业的目标和资源优势的细分市场作为目标市场。该目标市场模式中的各个细分市场之间较少或基本不存在联系。

该模式的优点：可以有效分散经营风险，选择专业化模式的企业应具有较强的资源和营销实力。

5. 市场全面化模式

市场全面化模式是指企业生产的多种产品能满足各类顾客群体的需要，全面覆盖市场。只有实力雄厚的大企业才能选择市场全面化模式。例如，通用公司在全球汽车市场；联想集团在计算机市场上。

（四）目标市场的选择策略

1. 无差异市场营销策略

无差异市场营销策略是将整个市场作为一个目标市场,致力于消费者需求的共同之处而忽略不同之处。无差异市场营销策略曾被当做"制造业中的标准化生产和大批量生产在营销方面的化身"。

优点在于:成本的经济性,单一的产品降低了生产、存货和运输的成本,统一的广告促销节约了市场营销费用。

缺点在于:易受到竞争对手的冲击。

2. 差异性市场营销策略

与无差异市场营销策略截然相反,差异性市场营销策略充分肯定消费者需求的异质性,在市场细分的基础上选择若干个细分子市场为目标市场,分别设计不同的营销策略组合方案,满足不同细分子市场的需求。

优点在于:企业同时为多个细分市场服务,有较高的适应能力和应变能力,经营风险得到分散和减少;针对消费者的特色开展营销,能更好地满足市场深层次的需求。

缺点在于:目标市场多,经营的品种多,管理复杂,成本高,还可能引起企业的注意力分散,顾此失彼。

3. 集中性市场营销策略

集中性市场营销策略是指企业集中所有力量,在某一细分市场上实行专业生产和销售,力图在该细分市场上拥有较大的市场占有率。比如,生产空调器的企业专门生产安装在汽车里的空调机等。

优点在于:资源集中,精耕细作,有利于形成集聚力量,建立竞争优势。

缺点在于:一旦选择的细分市场突变,企业将缺少回旋余地。

4. 定制营销策略

定制营销策略是指企业在大规模生产的基础上,将每一位顾客都视为一个单独的子市场,通过与顾客进行个体的沟通,明确并把握特定顾客的需求,为其提供不同程度的满足,以更好地实现企业利益的活动过程。定制营销也被称为一对一营销、个性化营销。

优点在于:能极大满足消费者的个性化需求,提高企业竞争力;以需定产,有利于减少库存积压,加快企业的资金周转,有利于产品、技术上的创新,促进企业不断发展。

缺点在于:有可能会导致营销工作的复杂化,增大经营成本和经营风险。

因此,定制营销需要建立在定制的利润高于定制的成本的基础之上。另外,生产领域的定制营销还对企业的设计、生产、供应等系统和管理的信息化程度有很高的要求。

三、市场定位

(一)市场定位概述

市场定位(marketing positioning),通常被称为产品定位或竞争性定位,是根据竞争者现有产品在市场上所处的地位和消费者或用户对产品某一特征或属性的重视程度,努力塑造出本企业产品与众不同的、给人印象羡慕的个性或形象,并把这种形象和个性特征生动有力地传递给目标客户,使该产品在市场上确定强有力的竞争位置。市场定位是塑造一种产品在市场上的独特位置。例如,沃尔玛的"天天低价";海尔的"服务到永远";麦当劳定位为"卫生、方便的快餐";等等。

(二)市场定位的规则和步骤

1. 市场定位的规则

(1)根据具体的产品特色定位。根据产品本身的特征确定它在市场上的位置,如产品成分、材料、质量档次、价格等。比如,如家酒店定位于经济型酒店,根据竞争的需要,为避免因雷同而陷入同质竞争,同时又充分考虑顾客获得的利益,为其提供"二星级的价格,五星级的床",把经济型酒店从"临时住宿地"提升为"家的感觉",突出了产品特色。

(2)根据顾客得到的利益定位。例如,六神花露水,能带给顾客有效去痱止痒的效果。

（3）根据使用者的类型定位。例如,金利来领带定位为男人的世界;百事可乐定位为年轻一代的选择。

（4）根据竞争者的需要定位。比如,七喜汽水的定位是"非可乐",强调它不是含咖啡因的饮料。

2. 市场定位的步骤

（1）识别潜在竞争优势。这是市场定位的基础。通常,企业的竞争优势表现在两个方面——成本优势、产品差别化优势。一个企业必须比竞争者更深入全面地了解顾客。

（2）企业核心优势定位。核心优势是指与主要竞争对手相比在市场上可获取明显的差别利益的优势。通常的方法是分析、比较企业与竞争者在经营管理、技术开发、采购、生产、市场营销、财务和产品等七个方面究竟哪些是强项哪些是弱项。

（3）制定发挥核心优势的战略。企业必须制定明确的市场战略来充分表现其优势和竞争力。

（三）市场定位的策略

1. 差异性定位策略

差异性定位策略包括产品实体差异化、服务差异化、形象差异化、渠道差异化、员工差异化。

2. 避强定位策略

避强定位策略是指避开强有力的竞争对手的市场定位。

3. 迎头定位策略

迎头定位策略是指与市场上占居支配地位的竞争对手"对着干"的定位方式,即企业选择与竞争对手重合的市场位置,争取同样的目标顾客,彼此在产品、价格、分销、供销等方面稍有区别。迎头定位是市场挑战者的定位方式。迎头定位,企业必须做到知己知彼,应该了解市场上是否可以容纳两个或两个以上的竞争者,自己是否拥有比竞争者更多的资源和能力,是不是可以比竞争对手做得更好。否则,迎头定位可能会成为一种非常危险的战术,但是一旦成功利益也会很大。

4. 重新定位策略

重新定位策略是指随着企业的发展、技术进步、市场环境的变化,企业对过去的定位做修正,使企业拥有比过去更强的适应性和竞争力。重新定位一般有三种情况:因产品变化而重新定位;因市场需求变化而重新定位;因扩展市场而重新定位。

> **课堂互动:**
>
> 作为麦当劳的竞争对手,肯德基的市场定位策略是什么?
>
> **要点:**
>
> 迎头定位策略。因为麦当劳与肯德基都是快餐,相互选择与竞争对手重合的市场位置,争取同样的目标顾客,彼此在产品、价格、分销、供销等方面稍有区别。

牛刀小试

案例分析与交流

第一步:个人单独完成以下案例分析,写出要点;

第二步:小组每人轮流发言交流,同时其他成员记录发言人发言要点;

第三步:形成各小组发言总要点;

第四步:以小组为单位在班级交流;

第五步:由各小组选取案例以表演的形式进行模拟展示,说明本小组的观点和见解,其他小组进行记录评价。

【案例】

国内乳企陷低谷,苦寻出路求破局

目前全国乳品加工企业有 657 家左右,养殖奶牛达 1 400 万头,牛奶产量在 3 500 万至 3 800 万吨左右,位居世界第三。可我国人均乳品消费只有 33 公斤,不足发达国家四分之一,仅为发展中国家的二分之一,世界平均水平的三分之一。与此同时,中国奶粉市场巨大的增长空间也让整个国际社会睁大了眼睛:每年新增婴幼儿 1 000 多万,奶粉产品刚性需求较大,市场规模将会稳健增长,未来中国有望成为全球最大的高端婴幼儿奶粉市场。

关于国内的乳业规模和市场潜力,很多资料记载的都很详细,读起来也很令人振奋。这个看似非常宏大的市场前景,似乎潜力无限。但乳企 2015 年上半年年报,则让市场看到了大部分乳企跌落到营收和净利双双下滑的窘境,而奶粉市场则表现得更为明显。

寒冬来到,何以为战?

近两年中国乳业市场下滑明显,国内乳业和外资企业都不同程度有所下滑。到了 2015 年上半年结束的时候,这种下滑的趋势更为明显。

2015 年 5 月 15 日,荷兰合作银行发布报告指出,中国婴幼儿奶粉市场未来五年增速将大幅放缓。在经历了长达十多年的快速增长后,婴幼儿奶粉市场的增长率会从此前年复合增长率 16% 下降到 7%~8% 之间。

中国婴幼儿奶粉市场增幅将被腰斩的同时,大量乳企这两年却忙于扩充产能,这些扩大产能的项目将于 2016 年开始投产,将会在每年新增约 41 万吨的婴幼儿奶粉的产能,相当于 2013 年中国市场总量的 65%,新增的产能将大大加剧市场竞争,婴幼儿乳企面临的生存环境恐怕更为严峻。

2014 年,中国进口乳清粉 40.44 万吨,同比下降 6.83%。而乳清粉主要用于婴幼儿乳粉,乳清粉进口量下降标志着国内婴幼儿乳粉产量的下降,估计 2014 年国内婴幼儿乳粉产量在 65 万吨左右。市场增速放缓,国内奶粉行业黄金期已成过去式,乳品业已步入深度调整期和低谷期:中国婴幼儿奶粉市场真的步入寒冬了。

奶粉市场的销量下行,说明了一个很重要的问题,也就是这个市场的发育已经趋向成熟,下一步必将是发展成一个规范的市场。而目前的市场形势下,乳企首要的问题是如何度过寒冬。

低谷期的价格战,产能过剩是主因。市场低迷的其他原因还有:宏观经济整体下滑,经济增速放缓进一步对消费构成瓶颈约束;国内需求放缓,市场未能产生相应的需求匹配;奶粉行业产能过剩,供给富余,引发企业大量促销,导致业绩下滑;今年以来奶粉进口量增加,对国内品牌造成冲击加剧,导致销售下滑。

产能盲目扩张的同时,是业内对市场前景的乐观估计。2015年是传统羊年,人口出生率放缓,"单独二孩"政策放开却并未让人口增长达到预期。市场需求并未出现井喷现象,倒是各地出现了产能过剩导致的奶农倒奶、杀牛事件。

乳企库存产品量大,市场供大于求,政策不断收紧,多重压力之下的乳企,必然面临着巨大的生存发展危机,如何走出困窘也就成了他们面临的最大难题。

(案例来源:中国营销传播网,有删节)

案例思考和讨论

国内乳企面临困难是什么原因造成的?

国内乳企如何走出困境?是否需要重新定位?

项目实训

项目目标市场分析

1. 任务描述

对本小组项目目标市场进行分析,制作PPT,并进行汇报。

2. 具体要求

(1)礼仪和演讲。注意礼仪开场和收尾以及中间的穿插和衔接;汇报演讲中声音洪亮、吐词清楚、表情大方、严肃认真,精神饱满、有职业状态。

(2)PPT制作精美:字体大小合适、颜色对比清晰、布局规范、图文并茂、文图搭配合理、文字字数适当,有动态效果、音乐效果。

(3)项目组全体成员参与,有明确分工。团队成员各人负责不同部分的内容准备、PPT制作和汇报,在PPT右下角注明制作人、演讲人。

(4)有一定的创新,符合小组项目的情况,体现自己项目的特色。

(5)目标市场定位科学、分析透彻。

附：项目实训 PPT 汇报记录表

市场营销 PPT 汇报记录表

小组 1：_____　　项目名称：_____

项目及分值			成员1	成员2	成员3	成员4	成员5	成员6
一、汇报情况40	礼仪20	礼仪开始6						
		礼仪穿插和衔接8						
		礼仪结束6						
	演讲20	声音洪亮、吐词清楚6						
		表情大方、严肃认真6						
		精神饱满、有职业状态8						
二、PPT制作30	字体大小合适、颜色对比清晰、布局规范10							
	图文并茂、文图搭配合理、文字字数适当10							
	有动态效果、音乐效果10							
三、汇报内容30	人数组成2							
	明确架构4							
	明确分工4							
	文化16							
	席卡4							
四、特色创新加分0-5								

记录人：_____　　记录时间：_____

市场营销 PPT 汇报记录表

小组 2：_____ 项目名称：_____

项目及分值		成员1	成员2	成员3	成员4	成员5	成员6
一、汇报情况 40	礼仪 20						
	礼仪开始 6						
	礼仪穿插和衔接 8						
	礼仪结束 6						
	演讲 20						
	声音洪亮、吐词清楚 6						
	表情大方、严肃认真 6						
	精神饱满、有职业状态 8						
二、PPT制作 30	字体大小合适、颜色对比清晰、布局规范 10						
	图文并茂、文图搭配合理、文字字数适当 10						
	有动态效果、音乐效果 10						
三、汇报内容 30	人数组成 2						
	明确架构 4						
	明确分工 4						
	文化 16						
	席卡 4						
四、特色创新加分 0－5							

记录人：_____ 记录时间：_____

市场营销 PPT 汇报记录表

小组 3：_____ 项目名称：_____

<table>
<tr><th colspan="2">项目及分值</th><th>成员1</th><th>成员2</th><th>成员3</th><th>成员4</th><th>成员5</th><th>成员6</th></tr>
<tr><td rowspan="6">一、汇报情况40</td><td>礼仪20 — 礼仪开始6</td><td></td><td></td><td></td><td></td><td></td><td></td></tr>
<tr><td>礼仪20 — 礼仪穿插和衔接8</td><td></td><td></td><td></td><td></td><td></td><td></td></tr>
<tr><td>礼仪20 — 礼仪结束6</td><td></td><td></td><td></td><td></td><td></td><td></td></tr>
<tr><td>演讲20 — 声音洪亮、吐词清楚6</td><td></td><td></td><td></td><td></td><td></td><td></td></tr>
<tr><td>演讲20 — 表情大方、严肃认真6</td><td></td><td></td><td></td><td></td><td></td><td></td></tr>
<tr><td>演讲20 — 精神饱满、有职业状态8</td><td></td><td></td><td></td><td></td><td></td><td></td></tr>
<tr><td rowspan="3">二、PPT制作30</td><td>字体大小合适、颜色对比清晰、布局规范10</td><td></td><td></td><td></td><td></td><td></td><td></td></tr>
<tr><td>图文并茂、文图搭配合理、文字字数适当10</td><td></td><td></td><td></td><td></td><td></td><td></td></tr>
<tr><td>有动态效果、音乐效果10</td><td></td><td></td><td></td><td></td><td></td><td></td></tr>
<tr><td rowspan="5">三、汇报内容30</td><td>人数组成2</td><td></td><td></td><td></td><td></td><td></td><td></td></tr>
<tr><td>明确架构4</td><td></td><td></td><td></td><td></td><td></td><td></td></tr>
<tr><td>明确分工4</td><td></td><td></td><td></td><td></td><td></td><td></td></tr>
<tr><td>文化16</td><td></td><td></td><td></td><td></td><td></td><td></td></tr>
<tr><td>席卡4</td><td></td><td></td><td></td><td></td><td></td><td></td></tr>
<tr><td colspan="2">四、特色创新加分 0－5</td><td></td><td></td><td></td><td></td><td></td><td></td></tr>
</table>

记录人：_____ 记录时间：_____

市场营销PPT汇报记录表

小组4：_____　　项目名称：_____

项目及分值			成员1	成员2	成员3	成员4	成员5	成员6
一、汇报情况40	礼仪20	礼仪开始6						
		礼仪穿插和衔接8						
		礼仪结束6						
	演讲20	声音洪亮、吐词清楚6						
		表情大方、严肃认真6						
		精神饱满、有职业状态8						
二、PPT制作30		字体大小合适、颜色对比清晰、布局规范10						
		图文并茂、文图搭配合理、文字字数适当10						
		有动态效果、音乐效果10						
三、汇报内容30		人数组成2						
		明确架构4						
		明确分工4						
		文化16						
		席卡4						
四、特色创新加分0-5								

记录人：_____　　记录时间：_____

市场营销 PPT 汇报记录表

小组 5：_____ 项目名称：_____

<table>
<tr><th colspan="2">项目及分值</th><th>成员 1</th><th>成员 2</th><th>成员 3</th><th>成员 4</th><th>成员 5</th><th>成员 6</th></tr>
<tr><td rowspan="6">一、汇报情况 40</td><td>礼仪 20 — 礼仪开始 6</td><td></td><td></td><td></td><td></td><td></td><td></td></tr>
<tr><td>礼仪穿插和衔接 8</td><td></td><td></td><td></td><td></td><td></td><td></td></tr>
<tr><td>礼仪结束 6</td><td></td><td></td><td></td><td></td><td></td><td></td></tr>
<tr><td>演讲 20 — 声音洪亮、吐词清楚 6</td><td></td><td></td><td></td><td></td><td></td><td></td></tr>
<tr><td>表情大方、严肃认真 6</td><td></td><td></td><td></td><td></td><td></td><td></td></tr>
<tr><td>精神饱满、有职业状态 8</td><td></td><td></td><td></td><td></td><td></td><td></td></tr>
<tr><td rowspan="3">二、PPT 制作 30</td><td>字体大小合适、颜色对比清晰、布局规范 10</td><td></td><td></td><td></td><td></td><td></td><td></td></tr>
<tr><td>图文并茂、文图搭配合理、文字字数适当 10</td><td></td><td></td><td></td><td></td><td></td><td></td></tr>
<tr><td>有动态效果、音乐效果 10</td><td></td><td></td><td></td><td></td><td></td><td></td></tr>
<tr><td rowspan="5">三、汇报内容 30</td><td>人数组成 2</td><td></td><td></td><td></td><td></td><td></td><td></td></tr>
<tr><td>明确架构 4</td><td></td><td></td><td></td><td></td><td></td><td></td></tr>
<tr><td>明确分工 4</td><td></td><td></td><td></td><td></td><td></td><td></td></tr>
<tr><td>文化 16</td><td></td><td></td><td></td><td></td><td></td><td></td></tr>
<tr><td>席卡 4</td><td></td><td></td><td></td><td></td><td></td><td></td></tr>
<tr><td colspan="2">四、特色创新加分 0-5</td><td></td><td></td><td></td><td></td><td></td><td></td></tr>
</table>

记录人：_____ 记录时间：_____

市场营销 PPT 汇报记录表

小组 6：＿＿＿＿＿＿＿＿＿＿　项目名称：＿＿＿＿＿＿＿＿＿＿

项目及分值			成员1	成员2	成员3	成员4	成员5	成员6
一、汇报情况40	礼仪20	礼仪开始6						
		礼仪穿插和衔接8						
		礼仪结束6						
	演讲20	声音洪亮、吐词清楚6						
		表情大方、严肃认真6						
		精神饱满、有职业状态8						
二、PPT制作30		字体大小合适、颜色对比清晰、布局规范10						
		图文并茂、文图搭配合理、文字字数适当10						
		有动态效果、音乐效果10						
三、汇报内容30		人数组成2						
		明确架构4						
		明确分工4						
		文化16						
		席卡4						
四、特色创新加分 0–5								

记录人：＿＿＿＿＿＿＿＿＿　记录时间：＿＿＿＿＿＿＿＿＿

项目四

开展市场调研,确定项目产品

 项目实训目标

1. 了解市场调研的基本概念、理论;

2. 运用市场调研基本概念和理论,进行项目市场调研;

3. 在项目市场调研中培养自我分析认知、团队分工、项目组建、沟通意识、合作意识、团队意识等能力。

◇ 团队热身

研读并讨论以下案例,探讨其对企业市场营销调研有何启示,各小组派一代表发言。

第一步:个人单独完成以下案例分析,写出要点;

第二步:以小组为单位,小组每人轮流发言交流,同时其他成员记录发言人发言要点;

第三步:形成各小组发言总要点;

第四步:以小组为单位在班级交流。

手机线下店的危机

根据前瞻产业研究院发布的《2016—2021年中国智能手机行业市场需求预测与投资战略规划分析报告》数据显示：2014年中国智能手机出货量为3.87亿部，同比增长12.83%；2015年中国智能手机出货量达4.341亿部，同比增长2.5%。

对比2014年，2015年智能手机市场的增速明显放缓。究其原因：国内主流消费群体智能机渗透率趋向饱和，智能手机人口红利消失；换机需求放缓，智能机购机需求主体呈现结构性变化。老智能机用户更换手机成为主驱动力，用户换机驱动力和换机意愿下降，换机周期延长。鉴于此，手机卖场将面临两难境地：一是2.25亿习惯于网购的泛"90后"逐步成为消费主体；二是整体手机市场增长的停滞。

预计未来手机店关店潮将比2010—2015年间的关店潮更凶猛，因为前一轮关店多是因为铺租成本、人工成本等高居不下，而现在则是由手机零售利润趋薄，手机销售技巧落后，店铺管理落后所致。

未来手机分销渠道将以线上主流电商平台、主流电商平台官方旗舰店、三大运营商线上线下渠道、手机厂商官方商城、手机厂商线下品牌专卖店、手机厂商直供店等为主。

手机线下店要在营销模式转型、销售模式转变上下功夫，方可先生存再发展。

（案例来源：搜狐网，有删改）

案例思考和讨论

（1）该案例给我们什么启示？

（2）目前的手机店线下店如何应对电子商务模式的挑战？

项目四　开展市场调研,确定项目产品

◦ 他山之石

未来的卫生间

智能卫浴是指区别于传统的五金陶瓷洁具,将电控、数码、自动化等现代科技运用到卫浴产品中,实现更加强大高效的卫浴体验。

1. Mirror 2.0 智能镜子(概念)

Mirror 2.0 智能镜子是这样一种镜子:将两片 LCD 显示器放在一片大单向镜后方,同时配有处理器、摄像头、麦克风、动作感测器和联网设备,当使用者早上看着镜中的自己时,还能顺便看看头条新闻或今日天气。另外,由于内置摄像头,所以魔镜可以用来识别使用者面孔,进行一些个性化操作,同时也能识别使用者"前一页""下一页"的手势。内置的麦克风可以作为语音识别之用,你可以问镜子一些问题,它会自动上 Google 搜索并回复答案。

图 4-1　Mirror 2.0 智能镜子

2. Enliten 智能水龙头

Enliten Tap 是一款创新水龙头,在水龙头的顶部带有非常直观的 LED 显示屏。用户只需要进行触摸,就可以轻松出水。使用冷水时,显示屏就会呈现出蓝色;使用热水时,变为红色,非常直观。还可以自由设置出水时间以及出水大小,同时顶部液晶屏还能创建动画图案,在中低水流量时,呈现更中性、更和谐的画面,在大水流时呈现更暗黑的图案,以惊心触目的动画提醒使用者节约用水。值得一提的是,这款水龙头还具有极速切换装置,比如刚刚使用完热水之后,就可以瞬间变为凉水输出,节约用水量。

图 4-2 Enliten 智能水龙头

3. Trautwein 阴阳浴缸

这是德国设计师设计的一款很有创意的双人浴缸,它把中国人讲究的阴阳概念巧妙地融入进去了。更加别致的是,这款浴缸不仅在两个不同的浴池里配上了颜色不同的 LED 灯用来表现阴阳的设计概念,同时它还自带泡泡浴功能。只要把泡泡浴的原材料如肥皂等放入浴池顶端那个盒子里,它就会根据人们的需求自动生成泡泡,非常方便。

图 4-3 Trautwein 阴阳浴缸

4. 概念球形淋浴房

这款球形淋浴房,采用透明玻璃材质和悬挂安装的方式,而非直接搁在地板上。整个设计看上去未来感十足,配合上灯光效果,宛如科幻电影。功能也相当强悍,淋浴房的一侧开有圆形的入口,进去之后,你可以淋浴,顶部有内置的花洒系统,能够像下雨一样洒出水滴,并任意改变整个球形淋浴房内的温度、湿度、亮度、音效甚至气味。

图4-4　概念球形淋浴房

5. TOTO智能马桶

这款马桶拥有薄型平滑轮廓加上流畅线条设计,简约、大气。遥控器采用银色与便器装饰部相呼应,充满质感。采用业内首创的清洁技术——智净技术。普通生活用水经过电解后形成电解水,含有次氯酸成分,具有强力除菌作用,可以将普通冲洗未能清除的细菌污物去除干净。

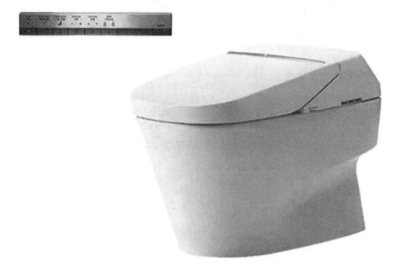

图 4-5　TOTO 智能马桶

（案例来源：搜狐网，有删减）

研读并讨论以上案例，你觉得以上产品真的经过市场调研了吗？还是只是玩概念？以小组为单位，每组派一代表发言。

千里之行

理论知识认知

一、市场调研概述

一般认为，市场调研是指个人或组织为了形成某一个特定的营销决策，采用科学的方法与客观的态度，对市场相关问题所需要的信息进行收集、记录、整理、分析，研究市场的各种状况及其影响因素，并由此得出结论，作为市场预测和营销决策依据的一系列活动过程。

市场调研一般通过以下步骤进行：明确市场调研的意图；了解调研问题的

背景；确定市场调研的目标；制订市场调研的方案；组织实施市场调研；编写市场调研报告；上网调研对市场做出发展趋势的预测。

市场调研具有系统性、客观性、时效性、多样性、不确定性的特点。

> **课堂互动：**
> 通过项目三中《国内乳企陷低谷，苦寻出路求破局》这个案例来谈谈市场调研的目的是什么？企业为什么需要市场调研？
>
> **要点：**
> 企业通过市场调研来搜集信息，有利于企业了解市场行情，有利于企业做出正确的市场决策，有利于企业发现市场机会，抢占市场先机，为企业的各项市场预测和营销决策提供科学基础。

二、市场调研的作用

（一）有利于企业了解市场行情

企业不能离开市场，市场是企业赖以生存的基础。随着竞争的加剧，企业所面临的市场环境不断发生变化。想要了解企业面临的市场行情的变化，做到心中有数，就必须进行市场调研，并且为了适应不断变化的市场环境，还要进行连续的市场调研，从而采取有针对性的措施，来应对市场竞争。

（二）有利于企业正确地进行决策

企业通过了解分析市场信息，可以避免在制定经营决策时发生错误。企业制定决策或者修正原来的决策时，需要考虑各方面的问题。例如，产品在哪些市场销售前景好，目标顾客的行为会发生哪些变化，竞争对手会做出什么反应，企业如果进行变革会遇到哪些阻力。这些问题的解决，只有通过实际的市场调研以后，才能得到具体的答案。

（三）有利于企业发现市场机会，抢先占领市场

企业通过市场调研，可以发现市场上潜在的消费者，发现市场上未被满足的

潜在需求,发现市场上适合自己的发展机会,进行市场细分,占领高地,领先于竞争对手发现和挖掘市场。

(四)有利于增强企业的经济效益,改善经营管理水平

企业通过市场调研,从大的方面看,可以为国家经济发展提供有效信息和帮助;从小的方面看,可以得到最新的市场情报和技术生产情报,以便更好地学习和吸取同行的先进经验和最新技术,加速产品的更新换代,增强产品和企业的竞争力,保障企业的生存和发展,在与竞争对手的比拼中占有优势。

三、市场调研的类型

这里我们重点研究以下几种:

(一)探索性调研

探索性调研是在对调研对象缺乏了解的情况下,为了界定调研问题的性质,更好地了解问题的环境而进行的小规模调研活动。这种调研特别有助于把一个大而模糊的问题表达为小而准确的子问题,并识别出需要进一步调研的信息。

(二)描述性调研

描述性调研是在对调研对象有了一定了解的情况下,对调研对象进行更加深入的研究所进行的调研活动。描述性调研一般是有计划、有目的、有方向、有详细提纲的调研活动。描述性调研是寻求对"Who""What""When""Where""Which"这样一些问题的回答。它可以描述不同消费者群体在需要、态度、行为等方面的差异。描述的结果尽管不能对"Why"给出回答,但也可用作解决营销问题所需的信息。

(三)因果性调研

因果性调研主要是探索某种假设与条件因素之间的因果关系,即探寻现象背后的原因,揭示现象发生或者变化的内在规律,解决"Why"的问题,是调研一个因素的改变是否引起另一个因素改变的研究活动,目的是识别变量之间的因果关系及其相关程度。

四、市场调研的内容

市场调研的内容十分广泛,凡是影响市场营销的因素,都可以作为营销调研的内容,调研的内容可分为宏观环境调研和微观环境调研两大类。具体来说,在企业的营销决策中,主要有以下一些调研内容:

(1) 市场竞争调研:主要包括宏观环境调研、行业环境调研、竞争对手调研、并购目标企业调研等。

(2) 市场细分调研:主要包括消费者购买行为调研、消费者购买习惯调研、消费者需求调研、消费者心理调研、消费者购买途径调研等。

(3) 产品定位调研:主要包括属性定位调研、利益定位调研、使用定位调研、类别定位调研、质量定位调研、使用人定位调研等。

(4) 产品调研:主要包括产品设计调研、产品系列和产品组合调研、产品生命周期调研、老产品改进与新产品开发调研等。

(5) 广告调研:主要包括广告环境调研、广告媒体调研、广告主体调研、广告竞争调研、广告效果调研、广告市场调研等。

(6) 渠道调研:主要包括渠道竞争态势调研、渠道结构调研、渠道渗透调研、渠道终端调研、渠道流通调研、渠道作用力调研等。

(7) 价格调研:主要包括市场供求及其趋势调研、影响价格的相关因素调研、价格弹性调研、替代品调研、新产品定价调研、目标市场对企业价格水平的反应调研等。

(8) 促销调研:主要包括各种促销手段调研、促销政策可行性调研、促销效果调研等。

(9) 用户满意度调研:主要包括产品满意度调研、服务满意度调研等。

五、市场调研的方法

市场调研的方法有很多种,本书重点介绍实地调研法、二手资料调研法和抽样调研法。一般来说,不同的调研方法都有其优缺点。

(一) 实地调研法

1. 观察法

观察法是市场调研的一种基本方法,在市场营销活动中,观察者依靠自己的视听器官,通过被调研者的外部表现(动作、行为、谈话),有目的、有计划地观察了解他的言语、行动和表情等,并把观察结果按时间顺序系统地记录下来并分析原因。

观察法包括直接、仪器、痕迹三种方法。

观察法的优点是比较直观。观察法所得到的材料一般比较真实、客观,这是由于这些材料是在被调研者是在不被施加任何营销、没有被干扰的情况下观察到的,是一种心理的自然流露。

观察法的缺点是所得的结果具有一定的被动性、片面性和局限性,还有观察所得到的材料本身不能区分哪些是偶然现象,哪些是规律性反映。

观察法可以用于观察别人,也可以用于观察自己,形成自我观察法。这种方法是把自己摆在被调研的位置上,根据自身的日常消费生活体验,去揣摩、感受自己的心理。

2. 实验法

它是通过实际的、小规模的营销活动来调查关于某一产品或某项营销措施执行效果等市场信息的方法。实验的主要内容有产品的质量、品种、商标、外观、价格、促销方式及销售渠道等。它常用于新产品的试销和展销。

实验法可分为实验室实验法和自然实验法。

实验室实验法是指在实验室里借助各种仪器进行研究的方法,也可以是通过实验室模拟自然环境条件或工作条件进行研究,这种方法比较机械,只适合研究简单的心理现象。

自然实验法是指在企业营销环境中,有目的地创造某些条件或变更某些条件,给被调研人心理施加一定的刺激或者诱导,从而了解被调研人心理活动的方法。

3. 访谈法

访谈法也称面谈调研,是研究者通过与研究对象直接交谈,在口头信息沟通中了解研究对象心理状态的方法。该方法一般由访问人员向被调研者当面询问问题,可以采用登门拜访、邀约面谈、开座谈会或电话访谈形式。

访谈法分为面对面访谈法和电话访谈法。

4. 投射法

投射法是一种测定心理状况的工具,是研究者一种无结构性的测验,通过引起被试者的反应,借以考察其所投射出的人格特征的心理测验方法。

投射法能够探究到人的内心世界和潜在意识,从而得到比较有价值的心理活动资料,这种方法的技术性很强,实际操作难度大。

5. 问卷法

问卷法是指研究者事先设计调研问卷,向被研究者提出问题,并由其给予回答,从中了解被研究者心理的方法。它是根据调查目的,将所需调查的问题具体化,使调查者能顺利地获取必要的信息资料,并便于统计分析。

问卷法可分为邮寄问卷法、入户问卷法、拦截问卷法等问卷法。

(二) 二手资料调研法

1. 文案调研法

文案调研法是指利用企业内部和外部、行业协会、商会、研究机构、图书馆等现有的各种信息、情报,对调研内容进行分析研究的一种调研方法。

2. 网络调研法

网络调研是指企业利用在线的调查、免费的网上文字评语、在线的调研收集客户的信息。

网络调研法的优点:由于便利而有比传统邮寄调查更高的反馈率;对客户和公司都有成本上的优势;借助软件便于快速分析数据。

网络调研法的缺点:客户自己发起的在线访问有可能产生扭曲的结果;可能产生不准确的回复(自动回复系统通常自动寻找关键字而发送自动的回复,

从而忽略客户顾虑中的细微差别);除非绝大部分客户使用网上渠道提供反馈意见,否则收集的信息不完整。

(三)抽样调研法

抽样调研是从调研对象的总体中,抽取一部分单位作为样本,并依据样本进行调研的结果来推断总体的方法。总体是全部的调研对象组成的集合,样本是总体的一部分,是从总体中抽取出来进行调研的那部分单位组成的集合。

抽样调研法可分为随机抽样和非随机抽样。

随机抽样可分为简单随机抽样、等距抽样、分层抽样、整群抽样和多阶段抽样。

非随机抽样可分为偶遇抽样、主观抽样、定额抽样和滚雪球抽样。

> **课堂互动:**
>
> 下面案例用的是什么调查方法?
>
> 有一次,一个美国家庭接受了一位日本人住在家里。日本客人每天都在做笔记,记录美国人居家生活的各项细节,包括吃什么食物,看什么电视节目等。两个月后,日本客人走了,不久之后日本丰田公司专家针对美国家庭使用旅行车的需要,推出了新型的汽车,并在报纸上刊登他们对美国家庭的研究报告,以及他们对研究人员的感谢函。那个美国家庭在阅读报纸时才恍然大悟,原来那位日本人是丰田公司众多调查人员之一。
>
> **要点:**
>
> 通过在美国家庭实地观察、记录信息,发现普通美国人的生活习惯,用了实地调研法,这也是企业经常使用的调研方法。

六、市场调研的实施

市场调研是一项科学性很强、工作流程系统化很高的工作,市场调研必须根据市场客观规律,科学地安排市场调研的程序。市场调研过程包括了若干既相对独立又相互联系的工作阶段。具体来说,市场调研过程包括调研前期阶段、调研期中阶段、调研期后阶段和调研结束阶段。

（一）调研前期阶段

调研前期有以下几个步骤：

1. 确定调研目标

调研目标是市场调研所要达到的具体目的,明确调研目的是调研设计的首要问题,此部分回答了为什么要进行调研,调研要了解什么问题,了解这些问题有什么用处,应该收集哪些方面的信息资料等问题。

2. 确定调研对象和调研单位

明确了调研目标后,就要确定调研对象和调研单位,这主要是为了解决向谁调研和由谁具体提供资料的问题,注意必须对所调研的对象有明确的界定。

3. 制订调研提纲和调研表

当调研对象和调研单位确定后,应该根据调研对象的条件和特征科学地分类、排列,构成调研提纲和调研表,方便调研登记和汇总。

4. 确定调研内容

调研内容就是对调研对象所要调研的具体内容,也就是要明确向被调研者了解什么问题。

5. 确定调研时间和调研工作期限

调研时间是指调研进行的时间,如果调研是对一个时期现象进行调研,那就要确定市场调研在什么时间进行,什么时间结束。

6. 确定调研地点

在调研方案中还要明确调研地点,要确定调研地点在什么地区进行,即调研地域的选择,要根据调研目的、主观条件、调研单位、外界环境做出恰当选择。

7. 确定调研方法

调研方法包括收集资料的方法和研究资料的方法。资料来源有一手资料、二手资料,相应的调研方法有访谈法、观察法、实验法和文案调研法等。

8. 制定调研的组织计划

调研的组织计划是指为了确保调研实施的具体工作计划，好的调研组织可以确保调研方案根据要求顺利完成。招聘、选拔合适的调研人员，对调研人员进行市场调研基础理论培训、项目培训和交谈技巧培训，发挥每一个人的潜能和集体效能，以低成本达到调研目的。

9. 制定调研经费的预算

制定调研经费的预算是调研设计方案的重要内容之一。预计可能发生的各种费用项目及数量，进行资金筹措，以保证市场调研的资金需要，同时便于进行费用支出的控制。

10. 确定提交报告的方式

主要包括报告书的形式、份数、报告书的基本内容、报告书中图表量的大小。

（二）调研期中阶段

调研实施的关键是实施过程中要有严格的组织管理和质量控制，重点应做好以下工作：一是挑选和培训调研员；二是进行调研工作的质量监控；三是查收和评价调研员的工作。在整个市场调研工作中，该阶段是唯一的现场实施阶段，是获取第一手材料的关键阶段，对调研工作能否满足准确、及时、完整、节约等基本要求有直接影响。调研实施阶段的主要任务是采取各种调研方法，按照调研设计的要求做好收集资料的工作。在此阶段要注意对调研人员的管理和对所遇到的问题及时反馈并迅速解决。

（三）调研期后阶段

该阶段的主要任务是鉴别整理资料、对资料进行处理，进行统计分析和开展预测研究，主要包括以下几个方面：

1. 查收和校对资料以及整理资料

查收和校对资料是指对调研的文字资料和数字资料等进行全面审核，区分真假和粗细，消除资料中的假、错、缺现象，以保证资料的真实、准确和完整。整理资料是对鉴别后的资料进行初步加工，使之条理化、系统化，并以集中、简明的方式反映调研对象的总体情况。

2. 数据处理与统计分析(SPSS、Excel等工具)

数据处理与统计分析,就是运用统计学的原理和方法来研究市场现象的数量关系,揭示事物的发展规律、结构和比例,说明事物的发展方向和速度等问题,为进一步开展理论研究提供准确而系统的数据资料。

3. 开展预测研究(供决策参考)

预测研究就是运用逻辑方法和与调研课题有关的各专门学科的科学理论,对鉴别、整理后的事实材料和统计、分析后的数据,进行思维加工,揭示事物的内在本质,说明事物的前因后果,预测事物的发展规律,进行理论说明,并在此基础上提出企业实际工作的具体建设性建议。

(四) 调研结束阶段

1. 撰写调研报告

根据对调研资料的整理和分析,得出调研结论,然后写出书面报告,调研报告是调研成果的集中体现,是市场调研工作最重要的总结。一般来说,市场调研都要撰写调研报告,调研报告由引言、正文、结论和附件4个部分组成。

2. 总结调研工作

市场调研工作贵在总结,总结既是为了过去,也是为了今后;既有利于个人,也有利于组织。总结调研工作包括对整个市场调研工作的总结和每个参与者的个人总结。

3. 评估调研结果等

市场调研结果的效果怎么样,要对其进行科学和综合的评估,评估调研的结果,一般包含两个方面:一方面,从学术成果看,要对市场调研所提供的事实和数据资料、理论观点和说明、所使用的调研研究方法,进行客观评价;另一方面,从经营成果看,要对市场调研结论做出实事求是的估计,应了解其结论是否被重视和采纳,调研结论是否与市场发展相一致,是否为企业带来实际的价值。

牛刀小试

案例分析与交流

第一步：个人单独完成以下案例分析，写出要点；

第二步：小组每人轮流发言交流，同时其他成员记录发言人发言要点；

第三步：形成各小组发言总要点；

第四步：以小组为单位在班级交流；

第五步：由各小组选取案例以表演的形式进行模拟展示，说明本小组的观点和见解，其他小组进行记录评价。

【案例一】

重视市场调查的李维公司

LEVI'S 是美国西部最闻名的名字之一，它也是世界第一条牛仔裤的发明人 Levi Strauss（李维·施特劳斯）的名字。1847 年，年仅十七岁的李维·施特劳斯从德国移民至纽约，几乎完全不会讲英语的他在美国的起初几年是为他的两名兄长打工。他在纽约及肯德基一带的偏僻市镇和乡村到处贩卖布料及家庭用品，他有时甚至露宿路边或在空的车房里过夜。加州淘金热的消息使年轻的施特劳斯相当入迷，他于 1853 年搭船航行到三藩市，随身携带了数卷营帐及蓬车用的帆布准备卖给迅速增加的居民。但他发现帆布有更好的用途，因为有一名年长的淘金人告诉他应该卖的是淘金时穿的耐磨的长裤，于是他把卖不完的帆布送到裁缝处订制了第一件 Levi's 牛仔裤。就在那一天，Levi's 的传奇诞生了。

当时淘金工所穿的衣服皆为一般棉布衣，较易磨，牛仔裤则以其坚固、耐久、穿着合适获得了当时西部牛仔和淘金者的喜爱，大量的订货纷至沓来。李维·施特劳斯于 1853 年成立了牛仔裤公司，以"淘金者"和牛仔为销售对象，大批量生产"淘金工装裤"。

刚开始,李维·施特劳斯用厚实的帆布裁出低腰、直裤腿、窄臀围的裤子;后来,他放弃帆布,改用斜纹粗棉布,那是一种在法国纺织以不变色靛蓝染料织成的强韧棉布,穿起来更舒服。由于此种裤子精干利落,因此也深得牛仔们的喜爱,渐渐便成为牛仔们的特色。

从1860年至1940年期间,李维公司对原创设计做了不少改良,包括铆钉、拱形的双马保证皮标以及后袋小旗标,如今这些都是世界著名的正宗Levi's牛仔裤标志。目前,Levi Strauss公司的牛仔裤已成美国传统,对全世界的人来说,它代表的是西部的拓荒力量和精神。

在李维公司的发展历程中,始终坚持搞好市场调查,树立牢固的市场观念,按用户需要组织生产的市场决策。根据市场调查和长期积累的经验,李维公司认为,应该把青年人作为目标市场。为满足青年人的需要,李维公司坚持把耐穿、时髦、合体作为开发新产品的主攻方面,力争使自己的产品长期占领青年人市场。在20世纪60年代,他们了解到许多美国妇女喜欢穿男牛仔裤。根据这种情况,李维公司经过深入调查,设计出适合妇女穿的牛仔裤、便装和裙子,1978年的妇女服装销售情况看好,销售额较上年增加了58%。

为了满足市场需要,李维公司十分重视对消费心理的分析。1974年,为了拓展欧洲市场,向德国顾客提出了"你们穿李维的牛仔裤,是要价钱低、样式好,还是合身"的问题。调查结果表明,多数首要的是"合身"。于是,公司派专人在德国各大学和工厂进行实验,一种颜色的裤子竟生产出了不同尺寸、不同规格45种型号,大大拓展了销路。公司还根据市场调查获得的各种有关用户的信息资料,制订出五年计划和第二年度计划。虽然市场竞争相当激烈,但由于李维公司积累了相当丰富的市场调查经验,所制订的生产和销售计划同市场实际销售量只差1%~30%,基本做到了产销统一。李维公司的销售网遍及世界70多个国家,他们对所属的生产和销售部门实行统一领导。他们认为产销是一个共同体,二者必须由一个上级来决定,工厂和市场之间要建立经常性的情报联系,使工厂的生产和市场的需求保持统一。为此,公司设立了进行市场调查的专门机构,在国内外进行市场调查,为公司的决策提供依据。

正确的市场决策,带来了李维公司的大发展。公司在20世纪40年代末销售额只有800万美元,1979年增加到20亿美元,30年增加了250倍。如今李维公司已发展成为活跃于世界舞台的跨国企业,公司按地区分为欧洲分部、拉美分部、加拿大分部和亚太分部。各分部分管生产、销售、市场预测等项事宜。李维公司拥有120家大型工厂,设存货中心和办事处以及3个分公司(美国李维牛仔裤公司、李维国际公司和BSE公司)。分公司有规模庞大、设备先进的生产厂42家,最大的一家年生产能力达到1 600万条。1979年,李维公司在美国国内总销售额达13.39亿美元,国外销售盈利超过20亿美元,雄居世界10大企业之列。

(案例来源:张丽莉.消费心理学.北京:清华大学出版社,2008)

案例思考和讨论

(1) 案例中,你认为李维公司成功的关键在于什么?

(2) 李维公司对消费者心理的进行调查分析时,能否用观察法来调查?

(3) 营销调研是否为一门精确的科学?为什么李维公司所制订的生产和销售计划同市场实际销售量相差为1%~30%,就可以说基本做到了产销统一呢?

【案例二】

问卷设计分析

指出下面问卷问题设计的不足之处。

(1) 如以百元为单位,您的收入是多少?

(2) 您喜欢本航空公司吗?

(3) 今年四月里您在电视上看到几次航空公司的广告?

(4) 您认为在评价航空公司时,最显著的、决定性的属性是什么?

(5) 您认为政府对飞机票加税从而剥夺了许多人乘坐飞机的机会是对

的吗?

(6) 你们家用什么品牌的洗发水?

(7) 您觉得这种电视机的画面质量怎么样?

(8) 您对这种空调的价格和质量还满意吗?

(9) 您觉得这种电视的价格不合理吗?

(10) 海尔冰箱连续三年荣居冰箱类榜首,您觉得怎么样?

项目实训

项目市场调研

1. 任务描述

对本小组项目进行市场调研,制作PPT,并进行汇报。

2. 具体要求

(1) 礼仪和演讲。注意礼仪开场和收尾以及中间的穿插和衔接;汇报演讲中声音洪亮、吐词清楚,表情大方、严肃认真,精神饱满、有职业状态。

(2) PPT制作精美。字体大小合适、颜色对比清晰、布局规范,图文并茂、文图搭配合理、文字字数适当,有动态效果、音乐效果。

(3) 项目组全体成员参与,有明确分工。团队成员各人负责不同部分的内容准备、PPT制作和汇报,在PPT右下角注明制作、演讲人。

(4) 有一定的创新,符合小组项目的情况,体现自己项目的特色。

(5) 有调研方案、问卷设计和调研结果分析,结果分析包含图表工具。

附：项目实训 PPT 汇报记录表

市场营销 PPT 汇报记录表

小组 1：_____ 项目名称：_____

<table>
<tr><th colspan="2">项目及分值</th><th>成员 1</th><th>成员 2</th><th>成员 3</th><th>成员 4</th><th>成员 5</th><th>成员 6</th></tr>
<tr><td rowspan="6">一、汇报情况 40</td><td>礼仪 20 — 礼仪开始 6</td><td></td><td></td><td></td><td></td><td></td><td></td></tr>
<tr><td>礼仪 20 — 礼仪穿插和衔接 8</td><td></td><td></td><td></td><td></td><td></td><td></td></tr>
<tr><td>礼仪 20 — 礼仪结束 6</td><td></td><td></td><td></td><td></td><td></td><td></td></tr>
<tr><td>演讲 20 — 声音洪亮、吐词清楚 6</td><td></td><td></td><td></td><td></td><td></td><td></td></tr>
<tr><td>演讲 20 — 表情大方、严肃认真 6</td><td></td><td></td><td></td><td></td><td></td><td></td></tr>
<tr><td>演讲 20 — 精神饱满、有职业状态 8</td><td></td><td></td><td></td><td></td><td></td><td></td></tr>
<tr><td rowspan="3">二、PPT 制作 30</td><td>字体大小合适、颜色对比清晰、布局规范 10</td><td></td><td></td><td></td><td></td><td></td><td></td></tr>
<tr><td>图文并茂、文图搭配合理、文字字数适当 10</td><td></td><td></td><td></td><td></td><td></td><td></td></tr>
<tr><td>有动态效果、音乐效果 10</td><td></td><td></td><td></td><td></td><td></td><td></td></tr>
<tr><td rowspan="3">三、汇报内容 30</td><td>市场调研计划（期前、期中、期后、人员、预算）10</td><td></td><td></td><td></td><td></td><td></td><td></td></tr>
<tr><td>市场调研问卷 10</td><td></td><td></td><td></td><td></td><td></td><td></td></tr>
<tr><td>调研结果 10</td><td></td><td></td><td></td><td></td><td></td><td></td></tr>
<tr><td colspan="2">四、特色创新加分 0-5</td><td></td><td></td><td></td><td></td><td></td><td></td></tr>
</table>

记录人：_____ 记录时间：_____

市场营销 PPT 汇报记录表

小组 2：_____   项目名称：_____

<table>
<tr><th colspan="2">项目及分值</th><th>成员1</th><th>成员2</th><th>成员3</th><th>成员4</th><th>成员5</th><th>成员6</th></tr>
<tr><td rowspan="6">一、汇报情况40</td><td>礼仪20 — 礼仪开始6</td><td></td><td></td><td></td><td></td><td></td><td></td></tr>
<tr><td>礼仪20 — 礼仪穿插和衔接8</td><td></td><td></td><td></td><td></td><td></td><td></td></tr>
<tr><td>礼仪20 — 礼仪结束6</td><td></td><td></td><td></td><td></td><td></td><td></td></tr>
<tr><td>演讲20 — 声音洪亮、吐词清楚6</td><td></td><td></td><td></td><td></td><td></td><td></td></tr>
<tr><td>演讲20 — 表情大方、严肃认真6</td><td></td><td></td><td></td><td></td><td></td><td></td></tr>
<tr><td>演讲20 — 精神饱满、有职业状态8</td><td></td><td></td><td></td><td></td><td></td><td></td></tr>
<tr><td rowspan="3">二、PPT制作30</td><td>字体大小合适、颜色对比清晰、布局规范10</td><td></td><td></td><td></td><td></td><td></td><td></td></tr>
<tr><td>图文并茂、文图搭配合理、文字字数适当10</td><td></td><td></td><td></td><td></td><td></td><td></td></tr>
<tr><td>有动态效果、音乐效果10</td><td></td><td></td><td></td><td></td><td></td><td></td></tr>
<tr><td rowspan="3">三、汇报内容30</td><td>市场调研计划（期前、期中、期后、人员、预算）10</td><td></td><td></td><td></td><td></td><td></td><td></td></tr>
<tr><td>市场调研问卷10</td><td></td><td></td><td></td><td></td><td></td><td></td></tr>
<tr><td>调研结果10</td><td></td><td></td><td></td><td></td><td></td><td></td></tr>
<tr><td colspan="2">四、特色创新加分 0－5</td><td></td><td></td><td></td><td></td><td></td><td></td></tr>
</table>

记录人：_____   记录时间：_____

市场营销 PPT 汇报记录表

小组 3：_____　　项目名称：_____

<table>
<tr><th colspan="3">项目及分值</th><th>成员1</th><th>成员2</th><th>成员3</th><th>成员4</th><th>成员5</th><th>成员6</th></tr>
<tr><td rowspan="6">一、汇报情况40</td><td rowspan="3">礼仪20</td><td>礼仪开始6</td><td></td><td></td><td></td><td></td><td></td><td></td></tr>
<tr><td>礼仪穿插和衔接8</td><td></td><td></td><td></td><td></td><td></td><td></td></tr>
<tr><td>礼仪结束6</td><td></td><td></td><td></td><td></td><td></td><td></td></tr>
<tr><td rowspan="3">演讲20</td><td>声音洪亮、吐词清楚6</td><td></td><td></td><td></td><td></td><td></td><td></td></tr>
<tr><td>表情大方、严肃认真6</td><td></td><td></td><td></td><td></td><td></td><td></td></tr>
<tr><td>精神饱满、有职业状态8</td><td></td><td></td><td></td><td></td><td></td><td></td></tr>
<tr><td rowspan="3">二、PPT制作30</td><td colspan="2">字体大小合适、颜色对比清晰、布局规范10</td><td></td><td></td><td></td><td></td><td></td><td></td></tr>
<tr><td colspan="2">图文并茂、文图搭配合理、文字字数适当10</td><td></td><td></td><td></td><td></td><td></td><td></td></tr>
<tr><td colspan="2">有动态效果、音乐效果10</td><td></td><td></td><td></td><td></td><td></td><td></td></tr>
<tr><td rowspan="3">三、汇报内容30</td><td colspan="2">市场调研计划（期前、期中、期后、人员、预算）10</td><td></td><td></td><td></td><td></td><td></td><td></td></tr>
<tr><td colspan="2">市场调研问卷10</td><td></td><td></td><td></td><td></td><td></td><td></td></tr>
<tr><td colspan="2">调研结果10</td><td></td><td></td><td></td><td></td><td></td><td></td></tr>
<tr><td colspan="3">四、特色创新加分0-5</td><td></td><td></td><td></td><td></td><td></td><td></td></tr>
</table>

记录人：_____　　记录时间：_____

市场营销 PPT 汇报记录表

小组 4：_____　　项目名称：_____

<table>
<tr><th colspan="2">项目及分值</th><th></th><th>成员1</th><th>成员2</th><th>成员3</th><th>成员4</th><th>成员5</th><th>成员6</th></tr>
<tr><td rowspan="6">一、汇报情况 40</td><td rowspan="3">礼仪 20</td><td>礼仪开始 6</td><td></td><td></td><td></td><td></td><td></td><td></td></tr>
<tr><td>礼仪穿插和衔接 8</td><td></td><td></td><td></td><td></td><td></td><td></td></tr>
<tr><td>礼仪结束 6</td><td></td><td></td><td></td><td></td><td></td><td></td></tr>
<tr><td rowspan="3">演讲 20</td><td>声音洪亮、吐词清楚 6</td><td></td><td></td><td></td><td></td><td></td><td></td></tr>
<tr><td>表情大方、严肃认真 6</td><td></td><td></td><td></td><td></td><td></td><td></td></tr>
<tr><td>精神饱满、有职业状态 8</td><td></td><td></td><td></td><td></td><td></td><td></td></tr>
<tr><td rowspan="3">二、PPT制作 30</td><td colspan="2">字体大小合适、颜色对比清晰、布局规范 10</td><td></td><td></td><td></td><td></td><td></td><td></td></tr>
<tr><td colspan="2">图文并茂、文图搭配合理、文字字数适当 10</td><td></td><td></td><td></td><td></td><td></td><td></td></tr>
<tr><td colspan="2">有动态效果、音乐效果 10</td><td></td><td></td><td></td><td></td><td></td><td></td></tr>
<tr><td rowspan="3">三、汇报内容 30</td><td colspan="2">市场调研计划（期前、期中、期后、人员、预算）10</td><td></td><td></td><td></td><td></td><td></td><td></td></tr>
<tr><td colspan="2">市场调研问卷 10</td><td></td><td></td><td></td><td></td><td></td><td></td></tr>
<tr><td colspan="2">调研结果 10</td><td></td><td></td><td></td><td></td><td></td><td></td></tr>
<tr><td colspan="3">四、特色创新加分 0－5</td><td></td><td></td><td></td><td></td><td></td><td></td></tr>
</table>

记录人：_____　　记录时间：_____

市场营销 PPT 汇报记录表

小组 5：_____ 项目名称：_____

项目及分值			成员 1	成员 2	成员 3	成员 4	成员 5	成员 6
一、汇报情况 40	礼仪 20	礼仪开始 6						
		礼仪穿插和衔接 8						
		礼仪结束 6						
	演讲 20	声音洪亮、吐词清楚 6						
		表情大方、严肃认真 6						
		精神饱满、有职业状态 8						
二、PPT 制作 30		字体大小合适、颜色对比清晰、布局规范 10						
		图文并茂、文图搭配合理、文字字数适当 10						
		有动态效果、音乐效果 10						
三、汇报内容 30		市场调研计划（期前、期中、期后、人员、预算）10						
		市场调研问卷 10						
		调研结果 10						
四、特色创新加分 0-5								

记录人：_____ 记录时间：_____

市场营销 PPT 汇报记录表

小组 6：_____ 项目名称：_____

<table>
<tr><th colspan="2">项目及分值</th><th>成员1</th><th>成员2</th><th>成员3</th><th>成员4</th><th>成员5</th><th>成员6</th></tr>
<tr><td rowspan="6">一、汇报情况 40</td><td>礼仪20 — 礼仪开始 6</td><td></td><td></td><td></td><td></td><td></td><td></td></tr>
<tr><td>礼仪20 — 礼仪穿插和衔接 8</td><td></td><td></td><td></td><td></td><td></td><td></td></tr>
<tr><td>礼仪20 — 礼仪结束 6</td><td></td><td></td><td></td><td></td><td></td><td></td></tr>
<tr><td>演讲20 — 声音洪亮、吐词清楚 6</td><td></td><td></td><td></td><td></td><td></td><td></td></tr>
<tr><td>演讲20 — 表情大方、严肃认真 6</td><td></td><td></td><td></td><td></td><td></td><td></td></tr>
<tr><td>演讲20 — 精神饱满、有职业状态 8</td><td></td><td></td><td></td><td></td><td></td><td></td></tr>
<tr><td rowspan="3">二、PPT制作 30</td><td>字体大小合适、颜色对比清晰、布局规范 10</td><td></td><td></td><td></td><td></td><td></td><td></td></tr>
<tr><td>图文并茂、文图搭配合理、文字字数适当 10</td><td></td><td></td><td></td><td></td><td></td><td></td></tr>
<tr><td>有动态效果、音乐效果 10</td><td></td><td></td><td></td><td></td><td></td><td></td></tr>
<tr><td rowspan="3">三、汇报内容 30</td><td>市场调研计划（期前、期中、期后、人员、预算）10</td><td></td><td></td><td></td><td></td><td></td><td></td></tr>
<tr><td>市场调研问卷 10</td><td></td><td></td><td></td><td></td><td></td><td></td></tr>
<tr><td>调研结果 10</td><td></td><td></td><td></td><td></td><td></td><td></td></tr>
<tr><td colspan="2">四、特色创新加分 0 - 5</td><td></td><td></td><td></td><td></td><td></td><td></td></tr>
</table>

记录人：_____ 记录时间：_____

项目五

制定产品策略，完善项目品类

项目实训目标

1. 理解和掌握产品策略基本概念、观念；

2. 讨论、制定本小组项目产品策略；

3. 在成立团队的过程中培养自我认知、团队分工、项目组建、沟通意识、合作意识、团队意识等能力。

◎ 团队热身

研读并讨论以下案例，探讨如何塑造品牌，每小组派一代表发言。

第一步：个人单独完成案例分析，写出要点；

第二步：以小组为单位，小组每人轮流发言交流，同时其他成员记录发言人发言要点；

第三步：形成各小组发言总要点；

第四步：以小组为单位在班级交流。

海尔品牌向世界级迈进

2004年1月31日，世界品牌实验室揭晓了世界最具影响力的100个品牌，

"海尔"入选,排第95位,这是中国本土品牌首次进入世界100品牌排行榜。

目前,海尔产品已达96大门类,拥有15 100多个规格的产品群,并出口到世界160多个国家和地区。2003年海尔集团全球营业额突破800亿元,折合97亿美元,是1984年创业时的22 988倍。2003年同比增长约90亿元,平均增长速度70%。海尔品牌价值继续在国内保持领先地位。

品牌源自客户的信任

海尔的工作人员为消费者安装空调时,海尔要求他们在进入用户家里时要套上鞋套,在家具上盖一块布,以保证家具的清洁。安装完之后,他们还会用吸尘器清扫地板。此外,工作人员在离开之前,还会请消费者填一张是否满意的调查问卷。虽然这些都是小事,但的确高出其他竞争对手一筹。"无尘安装"空调的做法赢得了消费者的尊重和认同,也赢得了品牌声誉。

与用户零距离,也是海尔在服务国际化中所追求的。有这样一件事,一天,海尔冰箱事业部售后服务经理从网上收到一位用户的邮件:"听说海尔的产品可以订制,我们结婚正想买一台冰箱,能否把我们的婚纱照做到冰箱门上留作纪念?"这位用户还特意在电子邮件里附上了照片。事业部回复:"可以。订单订购成功,7天后交货。"5分钟后,这份订单传到了冰箱开发部。下午3时,机型确定了。这种机型共需226个零部件,这些零部件在海尔物流推进本部的计算机里转化成了226个物料专用号,负责供货的分供方同步获得海尔物流的采购订单。4天后,所有物料采购完毕。第5天婚纱照冰箱下线。下线产品没进仓库,两天后这台婚纱照冰箱如期送到用户家中。

品牌源自国际化

1994年,海尔提出一个让不少人不可理解的理念:"国门之内无名牌"。海尔认为,中国市场是国际市场的一个组成部分,它的竞争实际上就是国际市场的竞争。要想成为世界名牌,必须要在每个地方成为本土化的国际化名牌。海尔立志走"品牌的国际化"之路。

像当年冰箱出口开辟德国市场一样,海尔又来了个"先难后易"——到美国实现海尔的本土化。海尔到美国建厂不是盲目的,他们测算出29万台冰箱为盈亏平衡点,建厂的当年,海尔出口到美国去的冰箱数量远远超过这个数字。1999年4月30日,海尔在美国南卡罗来纳州的生产基地奠基。首期项目为建筑面积2.7万平方米的电冰箱厂,该厂已于2000年3月建成投产,设计年产能力为50万台,在美国冰箱企业中排名第六,标志着海尔集团第一个"三位一体本土化"的海外海尔诞生,即设计中心在洛杉矶、营销中心在纽约、生产中心在南卡罗来纳州。海尔的思路是立足当地融智与融资,先成为美国的名牌,继而进入美国的前三强。

海尔先后在印度尼西亚、菲律宾、马来西亚、伊朗等国家建厂,生产海尔冰箱、洗衣机等家电产品。海尔的目标是在世界主要经济贸易区域里都有海尔的工厂与贸易中心,使海尔产品的生产、贸易实现本土化,不仅有美国海尔,还有欧洲海尔、中东海尔、东南亚海尔等。

(案例来源:《人民日报》2004年3月30日,有删减)

案例思考和讨论

(1) 海尔的名牌是如何创出来的?

(2) 海尔的名声是如何传出去的?

他山之石

小米公司的产品组合

小米公司全名是北京小米科技有限责任公司,2011年8月16日,小米正式推出了其第一款产品——小米手机1。经过数年的发展,小米产品主要分为:小米手机和红米手机。小米手机主打小米的旗舰产品,历来都是1999元起售;而红米手机则是小米在2013年7月31日杀入千元机市场的一个新产品线。总的来说,两个产品线的产品都有着"高配低价"的倾向。

小米公司的产品组合如表5-1所示。

表5-1 小米公司的产品示意图

	产品组合的宽度				
产品线长度	小米手机	红米手机	电视 盒子	路由器	平板
	小米5 小米4s 小米Note 小米4 小米4c	红米Note3 红米手机3 红米手机2 红米手机2A	小米电视3 小米电视3S 小米盒子mini版 小米盒子3	小米路由器3 小米路由器青春版	小米平板2

(案例来源：小米网)

案例思考和讨论

(1) 小米公司在产品组合过程中,采取了什么策略?

(2) 如何评价小米的产品组合策略?

研读并讨论以上案例,以小组为单位,每组派一代表发言。

千里之行

理论知识认知

一、产品

(一) 产品的概念

产品是指能够提供给市场,被人们使用和消费,并能满足人们某种需求的任何东西,包括有形的物品、无形的服务、组织、观念或它们的组合。产品通常包含以下三个层次：

1. 产品的实质层

核心产品是产品的核心部分,为消费者提供基本的效用和利益,是消费者购买的目的所在。核心产品是产品的最基本层次,是满足顾客的基本效用的内容。

2. 形式产品

形式产品是指产品的形体和外在表现,即核心产品借以实现的形式。

核心产品只是一个抽象的概念,企业的设计和生产人员必须将核心产品转变为有形的东西才能卖给顾客,在这一层次上的产品就是形式产品,即满足顾客要求的各种具体产品形式。如产品的外观设计、式样、商标、包装等产品的外观形式能够满足消费者心理上和精神上某种要求的愿望。随着生活水平的提高和精神生活的丰富,人们对产品的形式不断提出新的要求。在市场上,款式新颖、色泽宜人、包装精良的产品,往往能够引起顾客的购买兴趣。

3. 延伸产品

延伸产品是指产品售前、售中、售后为顾客提供的各种服务。例如,产品知识介绍,使用、安装、技术指导以及送货上门、修理服务等。

附加产品是引起消费者购买欲望的有力促销措施。

课堂互动：

如何区别核心产品、形式产品、延伸产品？试举例说明。

要点：

以消费者购买手机为例,核心产品是手机通话功能；外观是形式产品,用来支撑核心产品；延伸产品是售后等。

(二) 产品的分类

1. 服务

服务通常是无形的,是为满足顾客的需求,供方(提供产品的组织和个人)和顾客(接受产品的组织和个人)之间在接触时的活动以及供方内部活动所产生的结果,并且是在供方和顾客接触上至少需要完成一项活动的结果。如医疗、运输、咨询、金融贸易、旅游、教育等。

2. 软件

软件由信息组成,是通过支持媒体表达的信息所构成的一种智力创作,通常是无形产品,并可以方法、记录或程序的形式存在。如计算机程序、字典、信息记录等。

3. 硬件

硬件通常是有形产品,是不连续的具有特定形状的产品。如电视机、元器件、建筑物、机械零部件等,其量具有计数的特性,往往用计数特性描述。

4. 流程性材料

流程性材料通常是有形产品,是将原材料转化成某一特定状态的有形产品,其状态可能是流体、气体、粒状、带状。如润滑油、布匹,其量具有连续的特性,往往用计量特性描述。

一种产品可由两个或多个不同类别的产品构成,产品类别(服务、软件、硬件或流程性材料)的区分取决于其主导成分。例如,外供产品"汽车"是由硬件(如轮胎)、流程性材料(如燃料、冷却液)、软件(如发动机控制软件、驾驶员手册)和服务(如销售人员所做的操作说明)所组成的。硬件和流程性材料经常被称之为货物。称为硬件或服务主要取决于产品的主导成分。例如,客运航空公司主要为乘客提供空运服务,但在飞行中也提供点心、饮料等硬件。

(三) 产品组合及其策略

产品好比人一样,都有着从成长到衰退的过程,因此企业不能单单经营一种产品,应该要求产品经营多元化,以防范风险。

1. 产品组合及其相关概念

(1) 产品线。

产品线,指具有类似功能、能满足同类需求的一组产品项目,它可以从多方面加以理解:满足同类需求的项目,如不同型号的电视机;互补的产品项目,如电脑的硬件、软件等;出售给相同消费者的项目,如文具等。

(2) 产品项目。

产品项目,指产品线中不同品种、规格、质量和价格的特定产品。在一个企业中,可以只有一个产品线,也可以有几个产品线,每个产品线中产品项目的数目也各有不同。

(3) 产品组合。

产品组合,也叫产品搭配,是指一个企业生产或经营的全部产品线、产品项目的组合方式,它包括四个变数:宽度、长度、深度和关联度。

产品组合的宽度,指一个企业所拥有的产品线(Product Line)的数量,较多的产品线,说明产品组合的广度较宽。

产品组合的长度,指企业所拥有的产品品种的平均数,即全部品种数除以全部产品线数所得的商。

产品组合的深度,指每个品种的花色、规格有多少。

产品组合的关联度,指各产品线的产品在最终使用、生产条件、分销等方面的相关程度。

企业的产品组合策略应该遵循三个基本原则:有利于促进销售、有利于竞争、有利于增加企业的总利润。

2. 产品组合策略

企业的产品组合策略通常有以下几种:

(1) 扩大产品组合策略:包括开拓产品组合的广度和加强产品组合的深度。前者是指在原有产品组合中增加产品线,扩大产品经营范围;后者是在原有产品线内增加新的产品项目,发展系列产品。

(2) 缩小产品组合策略:缩小产品组合策略与扩大产品组合策略正好相反,就是缩小产品组合的广度和深度。当市场繁荣时,较广较深的产品组合会给企业带来更多的盈利机会。但是,当市场不景气时,缩短产品线反而能使成本降低,总利润上升。

(3) 产品延伸策略:产品延伸策略是指全部或部分地改变公司原有产品的市场定位,包括向下延伸、向上延伸和双向延伸三种实现方式。

向上延伸,即在产品线中增加更高档的产品品种,使企业进入高档市场,如日本企业在汽车、摩托车、电视机、收音机和复印机行业都采用了这一方式。

向下延伸,即在产品线中增加较低档次的产品,利用高档名牌产品的声誉,吸引购买力水平较低的顾客,慕名购买这一"名牌"中的低档廉价产品,但这一般有损"名牌"高品位的信誉,风险较大。

双向延伸,是指经营中档产品的企业在一定的条件下逐渐向高档和低档两个方向延伸,从而扩大市场阵容,向上下两端延伸。该产品策略能够充分利用企业的生产能力,满足不同的消费者,加强其竞争力,但该策略很难使企业的产品在消费者中树立自己的形象,而且要求有充足的资金做后盾。

二、品牌

(一) 品牌的含义

品牌是用以识别销售者的产品或服务,并使之与竞争对手的产品或服务区别开来的商业名称及其标志,通常由文字、标记、符号、图案和颜色等要素或这些要素的组合构成。

品牌是企业的无形资产,品牌价值的高低取决于消费者对品牌的忠诚度、品牌知名度、品牌所代表的质量、品牌辐射力的强弱和其他无形资产。

课堂互动:

　　请同学们举例所熟悉的产品品牌价值,如看到某个产品或要买某个产品就会想到某个品牌。

要点:

　　比如口渴了就会想到可口可乐、百事可乐。

（二）品牌的作用

品牌的作用主要表现为：有利于促进产品销售，树立企业形象；有利于保护品牌所有者的合法权益；有利于约束企业的不良行为；有利于扩大产品组合；有利于企业实施市场细分战略；有利于消费者识别产品，便于选购。

全力维护和宣扬品牌核心价值已成为许多国际知名品牌的共识，是创造百年金字招牌的秘诀。

品牌形成容易，但维护更难。没有一个很好的品牌维护战略，品牌是无法健康成长的。

如果说品牌是竞争的关键的话，那么品牌安全更是关键的关键。

（三）品牌设计原则

1. 简洁明了，体现形象化原则。

2. 构思巧妙，体现艺术性原则。

3. 内涵丰富，体现和谐性原则。

（四）品牌策略

1. 品牌化策略

品牌化策略，也叫品牌有无策略，是指企业首先要决定是否给其产品建立品牌。

2. 品牌归属策略

关于品牌归属策略，通常制造商可以有三种选择：

（1）制造商品牌，即企业使用自己的品牌，如海尔、美的。

（2）中间商品牌，也称自有品牌或经销商品牌，如国美电器。

（3）混合品牌，是指以上两者的结合，即一部分产品用制造商品牌，一部分产品用中间商品牌。

3. 品牌统分策略

品牌统分策略又包括：

（1）统一品牌策略

企业对其生产或经营的所有产品或服务都统一使用一个品牌。

（2）个别品牌策略

对各种不同的产品分别使用不同的品牌。

（3）分类品牌策略

企业对其生产或经营的各种产品在使用同一个主品牌的同时，再根据各种产品的不同性能和特点分别使用不同的副品牌。

通常是实行统一品牌策略的企业对市场进一步细分和对产品深度开发的结果。

（五）品牌战略决策

1. 产品线扩展策略

产品线扩展策略是指在同样的品牌名称下，在相同的产品种类和产品线中，引进新的产品项目，并对产品特点、功能和特色做针对性变化。

2. 品牌延伸策略

品牌延伸策略将原有品牌名称使用到一个新类别的产品或服务上，包含两个方面的内容：

（1）纵向延伸：将现有品牌应用到行业内或产品线内的其他产品或服务上。

（2）横向延伸：将原来的品牌延伸到与原来产品不相关的领域。

3. 多品牌策略

多品牌策略是指企业对同一个项目或同类产品，使用多个相互竞争的品牌，采用多品牌策略可以争取更多的展示面积，从而成功排挤竞争者所占有的货架面积。

4. 新产品策略

新产品策略是指企业针对新的产品项目推出一个新的品牌，新产品项目使用属于另外的消费人群，原来品牌定位不包括新产品项目，以免消费者发生混淆。

（六）品牌重新定位

品牌重新定位是指企业把原用的品牌废弃更换新的品牌，或者重新定位产品。

品牌重新定位的原因为：

（1）品牌陈旧，不能适应现在产品的特点。

（2）原来的产品出了问题，倒了牌子，在提高产品质量的基础上，需用新品牌来改变消费者对产品的不好印象。

三、包装

（一）包装的涵义

从市场营销观点看，包装和装潢是产品整体概念中的形式产品，是产品整体中很重要的一部分。随着生产的发展和人民生活水平的提高，消费者不仅要求产品核心质量好，而且讲求产品的包装和装潢，包装的技术与方法成为专门的学科。

产品包装一般可以分为两个层次：

（1）内层包装，是指最接近产品的容器。

（2）中层包装，是指保护内部包装的材料。当产品使用时，它即被丢弃，它为产品提供了进一步的保护和促销的机会。

（二）包装的作用

1. 保护功能，包装是一种品牌力

保护功能是包装制品的基本功能。被包装物品的复杂性决定了它们具有各样的质地和形态，有固体的、液体的、粉末的或膏状的等。这些物品一旦形成商品后，就要经过多次搬运、贮存、装卸等许多过程，最后才能流入消费者手中。

2. 便于识别功能，包装是一种识别力

一个产品的包装不能仅仅要求设计漂亮，更要让产品自己会说话，把产品的功能、特点恰如其分地表示出来，其在消费者面前所表现出的沟通力的大小，直接影响着一个产品在市场表现情况的好坏。

3. 促进销售功能,包装是一种销售力

麦当劳推出一款色彩明亮、造型夸张的流线型大容量杯子赚了不少眼球,街头很多人手持这种杯子在悠然慢饮。实际上这些杯子是麦当劳用来进行的一次促销活动,由于造型独特在市场上掀起了一股热潮,原计划6周的活动时间因为杯子提前用完而提前结束。麦当劳这次活动成功的原因就是利用了包装所产生的销售力,人们对于饮料包装的简单造型已经习以为常,麦当劳采用的所谓"缤纷本色杯"成功地抓住了消费者的眼光,因而获得成功。

4. 美化产品功能,增加附加利益功能,包装是一种文化力

包装中视觉效果的传达是包装中的精华,是包装最具商业性的特质。包装通过设计,不仅使消费者熟悉商品,还能增强消费者对商品品牌的记忆与好感,贮存对生产商品企业的信任度。包装物还可以通过造型给人以美感,体现浓郁的文化特色。

(三) 包装的策略

1. 类似包装策略

类似包装策略是指企业所生产的各种产品在包装物外形上采用相同的形状、近似的色彩和共同的特征,以便使消费者从包装的共同特点产生联想,一看就知道是哪个企业的产品。实行这种策略的优点是容易提高企业信誉,节约包装设计费用。缺点是一损俱损。

2. 配套包装策略

配套包装策略也称为组合包装策略、多种包装策略。它是指将数种有关联的产品放在同一容器内进行包装,以方便消费者购买、携带和使用。

例如,把乒乓球、球拍、球网配套包装;再如急救箱(胶布、纱布、红药水、碘酒、酒精等)、成套化妆品(护肤霜、花露水、唇膏、发油等)、成套餐具等。采用这种策略也可以将新产品与其他旧产品放在一起,使消费者在不知不觉中接受新产品,习惯于新产品的使用。

3. 附赠品包装策略

附赠品包装策略是指在产品包装物内附赠小物品,目的是吸引顾客购买和重复购买,以扩大销售,尤其是在儿童用品市场上最具有吸引力,如糖果和其他小食品包装内附有连环画、小塑料动物等。1996年初,孩子们喜欢一种叫"奥乐"的小食品,这食品实际是玉米粉做成的脆条,而吸引孩子们的是包装里的"奥乐圈"。

4. 再使用包装策略

再使用包装策略是指将原包装的产品使用完以后,包装物可移作其他用途。采用这种策略的优点是有利于诱发消费者的购买动机,空包装物还能起到广告宣传的作用。

5. 等级包装策略

等级包装策略是将产品分为若干等级,对高档优质产品采用优质包装,对一般产品采用普通包装,使产品的价值与包装相称,表里一致,方便消费者选购。

6. 改变包装策略

改变包装策略是指企业产品处于生命周期的衰退期,或者由于某种原因使产品销量下降,市场声誉跌落时,企业可以在改进产品的同时,也改变产品的包装形式。

7. 性别包装策略

性别包装策略是根据男女性别来设计不同的产品包装。

(四)包装的设计

包装设计是指选用合适的包装材料,运用巧妙的工艺手段,为包装商品进行的容器结构造型和包装的美化装饰设计。

包装设计是以商品的保护、使用、促销为目的,将科学的、社会的、艺术的、心理的诸要素综合起来的专业设计学科,其内容主要有容器造型设计、结构设计、装潢设计等,本书不重点讨论。

四、产品生命周期

(一)产品生命周期概述

产品生命周期(Product Life Cycle,缩写为 PLC),即产品的市场寿命,是指产品从投放市场开始,到最终被淘汰退出市场为止所经历的全部时间和过程。

理解产品生命周期的概念,应注意以下几点:

(1) 产品生命周期不同于产品使用寿命;

(2) 严格地讲,产品生命周期是指产品品种的生命周期;

(3) 产品生命周期只是一种理论上的描述;

(4) 对产品生命周期各阶段的判断是很困难的,在理论上尚无一定标准,带有很大的主观随意性。

(三)产品生命周期各阶段的特点

产品生命周期一般分为四个阶段,即导入期、成长期、成熟期和衰退期。

1. 导入期

导入期是指产品试制成功后投入市场的试销阶段。

在这一阶段产品成本高,销售量增长缓慢。该阶段有以下特点:

(1) 新产品经试制阶段后投放市场,但企业还无法保证该产品今后能否顺利发展;

(2) 分销渠道还未全面沟通,容易丧失销售机会,再加上需要较多的宣传、推广费用,导致销售费用较大;

(3) 产品设计未定型,工艺不成熟,工人劳动熟练程度差,从而导致废品率较高。

该阶段新产品刚刚投放市场,在性能、质量、价格、销售渠道和服务等方面有可能不能适应市场上消费者的广泛需要,导致在竞争中夭折。

2. 成长期

成长期是指产品试制成功后批量生产、销售规模扩大的阶段。

在这一阶段产品打开了销路,销量迅速增加,该阶段有以下特点:

产品既然已经从投入期发展到成长期,就说明该产品能够满足消费者的某种需要,已为广大消费者认可和普遍接受,再加上投入期最初一批购买者的"积极示范"和"群体影响"作用,这时产品已经打开了销路,并且销售量以大于10%的速度迅速增加。

此外,由于该阶段产品设计、工艺已基本定型,大批生产的能力已经形成,生产效率高,废品减少,再加上分销渠道已经畅通,有利的销售局面已经打开,销售费用降低,从而使产品的成本降低,销售量增加,所以利润也增加。

商品从导入期进入成长期,说明该产品的开发是成功的,是有利可图的,这就会引起同行业其他企业的注意和重视,有的企业也要研究开发,因此,在这一时期竞争对手的同类产品也开始投放市场。

3. 成熟期

成熟期是指市场达到饱和的阶段。

成熟期是四个阶段中持续时间最长的时期,处在这一阶段的企业都尽力维持其既有的市场地位,将采用一切组合手段把这一时期延长。

在该阶段,竞争者很多,来自同类产品的价格战、广告战不断发生,新产品开始涌现,消费者对式样、花色、规格等挑选性增强,使市场竞争更趋激烈,达到高潮。

虽然成熟期的销售增长率不如成长期高,但从销售量的绝对值来看,成熟期要大于成长期,再加上成熟期持续的时间较长,所以,一种产品主要是在成熟期为企业带来收益。

4. 衰退期

衰退期是指随着科学技术的发展,新产品或新的代用品出现,将使顾客的消费习惯发生改变,转向其他产品,从而使原来产品的销售额和利润额迅速下降,产品进入衰退期。

进入衰退期后,产品技术已老化,市场上出现大量新的换代产品,即使加大广告投入,该产品销量和产量还是都日益下降。产品处于成熟期所形成的巨大生产能力和该时期日益下降的销售量之间的矛盾更加突出,利润日益下降并产生亏损,再继续生产经营这种产品已无利可图,因此制造商纷纷调整设备转产其他产品。在投入期和成长期,制造商争先恐后地进入市场,进入得越晚,竞争越不利,而处在衰退期的时候,制造商则争先恐后地退出该市场,退得越慢,亏损的可能性越大,对下一轮的竞争越不利。

在衰退期企业主要采用以下几种策略:

(1) 集中策略

集中策略是指把资源集中使用在最有利的细分市场、最有效的销售渠道和最易销售的产品上,为企业创造尽可能多的利润。

(2) 维持策略

维持策略是指继续沿用原有的营销组合策略,保持原有的细分市场,使用相同的分销渠道、定价和促销方式,直到该产品退出市场。

(3) 榨取策略

榨取策略是指大幅度降低销售费用,以增加眼前利润。这样虽可能导致产品在市场上衰退加剧,但却能从该产品的忠实的顾客中获取利润。

(4) 放弃策略

放弃策略是指对于衰退比较迅速的产品应当机立断,放弃经营。

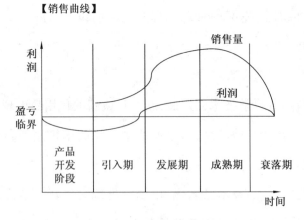

图 6-1 产品生命周期图

牛刀小试

案例分析与交流

第一步：个人单独完成以下案例分析，写出要点；

第二步：小组每人轮流发言交流，同时其他成员记录发言人发言要点；

第三步：形成小组发言总要点；

第四步：以小组为单位在班级交流；

第五步：由各小组选取案例以表演的形式进行模拟展示，说明本小组的观点和见解，其他小组进行记录评价。

【案例】

买椟还珠

一个郑国人从楚国商人那里买到一颗装在有漂亮木盒里的珍珠，之后他竟然将盒子留下，而将珍珠还给了楚国商人。原因是那只"为木兰之柜"，再"熏以桂椒"，又"缀以珠宝"的精美包装盒（椟）"掩盖"了盒中珍宝的光泽。

问题：

从市场营销的角度分析买椟还珠这个故事。

○ 项目实训

产品策略设计

1. 任务描述

对本小组项目进行策略设计,制作PPT,并进行汇报。

2. 具体要求

(1) 礼仪和演讲。注意礼仪开场和收尾以及中间的穿插和衔接;汇报演讲中声音洪亮、吐词清楚、表情大方、严肃认真、精神饱满、有职业状态。

(2) PPT制作精美。字体大小合适、颜色对比清晰、布局规范、图文并茂、文图搭配合理、文字字数适当,有动态效果、音乐效果。

(3) 项目组全体成员参与,有明确分工。团队成员各人负责不同部分的内容准备、PPT制作和汇报,在PPT右下角注明制作、演讲人。

(4) 有一定的创新,符合小组项目的情况,体现自己项目的特色。

(5) 包含产品组合、品牌、包装、生命周期策略,内容完整。

附：项目实训 PPT 汇报记录表

市场营销 PPT 汇报记录表

小组 1：_____　项目名称：_____

项目及分值			成员 1	成员 2	成员 3	成员 4	成员 5	成员 6
一、汇报情况 40	礼仪 20	礼仪开始 6						
		礼仪穿插和衔接 8						
		礼仪结束 6						
	演讲 20	声音洪亮、吐词清楚 6						
		表情大方、严肃认真 6						
		精神饱满、有职业状态 8						
二、PPT 制作 30		字体大小合适、颜色对比清晰、布局规范 10						
		图文并茂、文图搭配合理、文字字数适当 10						
		有动态效果、音乐效果 10						
三、汇报内容 30		产品及组合策略 6						
		品牌策略 6						
		品牌及商标 6						
		包装策略 6						
		生命周期策略 6						
四、特色创新加分 0-5								

记录人：_____　记录时间：_____

市场营销 PPT 汇报记录表

小组 2：＿＿＿＿＿＿＿＿＿＿＿＿＿＿　　项目名称：＿＿＿＿＿＿＿＿＿＿＿＿＿＿

项目及分值			成员1	成员2	成员3	成员4	成员5	成员6
一、汇报情况40	礼仪20	礼仪开始6						
		礼仪穿插和衔接8						
		礼仪结束6						
	演讲20	声音洪亮、吐词清楚6						
		表情大方、严肃认真6						
		精神饱满、有职业状态8						
二、PPT制作30		字体大小合适、颜色对比清晰、布局规范10						
		图文并茂、文图搭配合理、文字字数适当10						
		有动态效果、音乐效果10						
三、汇报内容30		产品及组合策略6						
		品牌策略6						
		品牌及商标6						
		包装策略6						
		生命周期策略6						
四、特色创新加分 0－5								

记录人：＿＿＿＿＿＿＿＿　　记录时间：＿＿＿＿＿＿＿＿

市场营销 PPT 汇报记录表

小组 3：_____ 项目名称：_____

<table>
<tr><th colspan="2">项目及分值</th><th>成员1</th><th>成员2</th><th>成员3</th><th>成员4</th><th>成员5</th><th>成员6</th></tr>
<tr><td rowspan="6">一、汇报情况 40</td><td>礼仪 20 — 礼仪开始 6</td><td></td><td></td><td></td><td></td><td></td><td></td></tr>
<tr><td>礼仪穿插和衔接 8</td><td></td><td></td><td></td><td></td><td></td><td></td></tr>
<tr><td>礼仪结束 6</td><td></td><td></td><td></td><td></td><td></td><td></td></tr>
<tr><td>演讲 20 — 声音洪亮、吐词清楚 6</td><td></td><td></td><td></td><td></td><td></td><td></td></tr>
<tr><td>表情大方、严肃认真 6</td><td></td><td></td><td></td><td></td><td></td><td></td></tr>
<tr><td>精神饱满、有职业状态 8</td><td></td><td></td><td></td><td></td><td></td><td></td></tr>
<tr><td rowspan="3">二、PPT制作 30</td><td>字体大小合适、颜色对比清晰、布局规范 10</td><td></td><td></td><td></td><td></td><td></td><td></td></tr>
<tr><td>图文并茂、文图搭配合理、文字字数适当 10</td><td></td><td></td><td></td><td></td><td></td><td></td></tr>
<tr><td>有动态效果、音乐效果 10</td><td></td><td></td><td></td><td></td><td></td><td></td></tr>
<tr><td rowspan="5">三、汇报内容 30</td><td>产品及组合策略 6</td><td></td><td></td><td></td><td></td><td></td><td></td></tr>
<tr><td>品牌策略 6</td><td></td><td></td><td></td><td></td><td></td><td></td></tr>
<tr><td>品牌及商标 6</td><td></td><td></td><td></td><td></td><td></td><td></td></tr>
<tr><td>包装策略 6</td><td></td><td></td><td></td><td></td><td></td><td></td></tr>
<tr><td>生命周期策略 6</td><td></td><td></td><td></td><td></td><td></td><td></td></tr>
<tr><td colspan="2">四、特色创新加分 0 – 5</td><td></td><td></td><td></td><td></td><td></td><td></td></tr>
</table>

记录人：_____ 记录时间：_____

市场营销 PPT 汇报记录表

小组 4：_____　　项目名称：_____

项目及分值			成员 1	成员 2	成员 3	成员 4	成员 5	成员 6
一、汇报情况 40	礼仪 20	礼仪开始 6						
		礼仪穿插和衔接 8						
		礼仪结束 6						
	演讲 20	声音洪亮、吐词清楚 6						
		表情大方、严肃认真 6						
		精神饱满、有职业状态 8						
二、PPT 制作 30		字体大小合适、颜色对比清晰、布局规范 10						
		图文并茂、文图搭配合理、文字字数适当 10						
		有动态效果、音乐效果 10						
三、汇报内容 30		产品及组合策略 6						
		品牌策略 6						
		品牌及商标 6						
		包装策略 6						
		生命周期策略 6						
四、特色创新加分 0-5								

记录人：_____　　记录时间：_____

市场营销 PPT 汇报记录表

小组 5：＿＿＿＿＿＿＿＿＿＿＿＿ 项目名称：＿＿＿＿＿＿＿＿＿＿＿＿

项目及分值		成员 1	成员 2	成员 3	成员 4	成员 5	成员 6
一、汇报情况 40	礼仪 20	礼仪开始 6						
		礼仪穿插和衔接 8						
		礼仪结束 6						
	演讲 20	声音洪亮、吐词清楚 6						
		表情大方、严肃认真 6						
		精神饱满、有职业状态 8						
二、PPT 制作 30		字体大小合适、颜色对比清晰、布局规范 10						
		图文并茂、文图搭配合理、文字字数适当 10						
		有动态效果、音乐效果 10						
三、汇报内容 30		产品及组合策略 6						
		品牌策略 6						
		品牌及商标 6						
		包装策略 6						
		生命周期策略 6						
四、特色创新加分 0－5								

记录人：＿＿＿＿＿＿＿＿ 记录时间：＿＿＿＿＿＿＿＿

市场营销 PPT 汇报记录表

小组 6：_____ 项目名称：_____

项目及分值			成员 1	成员 2	成员 3	成员 4	成员 5	成员 6
一、汇报情况 40	礼仪 20	礼仪开始 6						
		礼仪穿插和衔接 8						
		礼仪结束 6						
	演讲 20	声音洪亮、吐词清楚 6						
		表情大方、严肃认真 6						
		精神饱满、有职业状态 8						
二、PPT 制作 30		字体大小合适、颜色对比清晰、布局规范 10						
		图文并茂、文图搭配合理、文字字数适当 10						
		有动态效果、音乐效果 10						
三、汇报内容 30		产品及组合策略 6						
		品牌策略 6						
		品牌及商标 6						
		包装策略 6						
		生命周期策略 6						
四、特色创新加分 0-5								

记录人：_____ 记录时间：_____

项目六 制定定价策略,进行产品定价

 项目实训目标

1. 理解和掌握产品定价策略;
2. 讨论、制定本小组项目产品定价策略;
3. 在制定产品定价策略的过程中培养自我认知、团队分工、项目组建、沟通意识、合作意识、团队意识等能力。

团队热身

研读并讨论以下案例,探讨企业定价策略有何启示,每小组派一代表发言。

第一步:个人单独完成以下案例分析,写出要点;

第二步:小组每人轮流发言交流,同时其他成员记录发言人发言要点;

第三步:形成小组发言总要点;

第四步:以小组为单位在班级交流。

价格是永远的促销利器

错觉折价——给顾客不一样的感觉

例:"花100元买130元商品",错觉折价等同打七折却告诉顾客我的是优惠而不是折扣货品。

一刻千金——让顾客蜂拥而至

例:超市"10分钟内所有货品一折",客户抢购的是有限的,但客流却带来无限的商机。

超值一元——舍小取大的促销策略

例:"几款价值10元以上的货品以超值一元的活动参加促销",虽然这几款货品看起来是亏本的,但吸引的顾客却可以以连带销售方式来销售,结果利润是反增不减的。

临界价格——顾客的视觉错误

例:"10元改成9.9元",这是普遍的促销方案。

阶梯价格——让顾客自动着急

例:"销售初期1-5天全价销售,5-10天降价25%,10-15天降价50%,15-20天降价75%",这个自动降价促销方案是由美国爱德华法宁的商人发明的。表面上看似"冒险"的方案,但因为抓住了顾客的心理,对于店铺来说,顾客是无限的,选择性也是很大的,这个顾客不来,那个顾客就会来。但对于顾客来说,选择性是唯一的,竞争是无限的。自己不去,别人还会去,因此,最后投降的肯定就是顾客。

降价加打折——给顾客双重实惠

例:"所有光顾本店购买商品的顾客满100元可减10元,并且还可以享受八折优惠",先降价再打折。以100元商品为例,若打六折,损失利润40元;但满100元减10元再打八折,则仅损失28元。但力度上双重的实惠会诱使更多的顾客购买商品。

(案例来源:中国营销传播网,有删节)

案例思考和讨论

价格折扣是在一定的利润空间下让利于消费者。那么,为什么不是在产品一上市就让利于消费者呢?

他山之石

LV 中国定价策略不合群

在香奈儿等奢侈品巨头选择在中国内地降价以缩小全球市场价差后,LVMH 集团却不为所动。CLSA 里昂证券对主要市场国家 LV 最经典畅销款手袋 Louis Vuitton Speedy 30 的价格调查显示,同一款 Louis Vuitton Speedy 30 不连肩带手提袋中国内地市场售价全球最贵,高达本土市场法国售价的 1.6 倍;中国香港售价位居第四,是法国本土市场售价的 1.43 倍。

尽管中国消费者为 LVMH 集团的业绩贡献颇多,然而中国消费者要想买一款 LV 商品时,境外购物或者代购才是首选。

在对 LV 的多款手袋价格进行调查后发现,中国官网价格高于国内代购网站售价,国内代购网站价格则远远高于国外电商平台售价。LV 一款 MONOGRAM 系列的 LOCKIT 中号手袋(型号 M40606)在 LV 中国官网的售价为 24 300 元,在京东代购上的最低售价为 23 770 元,在 eBay 上的售价为 11 442.01 元。

LVMH 集团 2015 年上半年财报显示,中国市场和海外市场的表现呈现出了冰火两重天的态势。欧洲市场一季度销售额有机增长 10%,二季度增长达到 14%;美国市场一季度销售额有机增长 9%,二季度增长达到 12%;日本市场一季度销售额有机增长 10%,二季度增长高达 34%。大中华地区上半年销售额则下降了 10%。

LVMH 集团认为,中国市场的销售下滑,主要是受到了中国经济低迷、股市动荡以及内地游客曾经的奢侈品消费胜地港澳地区的消费锐减带来的不利影响。

实际上,差异化定价也是中国市场表现低迷的重要原因。LVMH 集团首席财务官 Jean – Jacques Guiony 在电话会议上说道:"考虑到各地区差价情况,中国消费者的购物地正逐渐从大中华地区向别处转移,其中当属日本和欧洲受益最多。"

(案例来源:北京商报网,有删减)

案例思考和讨论

(1) LV 目前在中国的市场定价策略是什么?

(2) 该策略是否适合目前中国的市场?

研读并讨论以上案例,以小组为单位,每组派一代表发言。

千里之行

理论知识认知

在营销组合中,价格是唯一能产生收入的因素,其他因素表现为成本。价格也是营销组合中最灵活的因素,它与产品特征和渠道不同,它的变化是异常迅速的。因此,价格策略是企业营销组合的重要因素之一,它直接决定着企业市场份额的大小和盈利率的高低。

定价方法,是指企业在特定条件下,实现定价目标和定价策略的具体实施方案,为某种商品或劳务价格的最终确定提供具体的、科学的方法。

一、成本导向定价法

成本导向定价法,是指企业以提供产品过程中发生的成本为定价基础的定价方法,是中外企业最常用、最基本的定价方法。

常见的成本导向定价法有成本加成定价法、盈亏平衡定价法、边际贡献定价法。

(一)成本加成定价法

成本加成定价法是指在单位产品成本的基础上,加预期的利润额作为产品的销售价格,售价与成本之间的差额(利润)称为"加成",计算公式为:

产品单价 = 单位产品成本 × (1 + 加成率)

单位产品成本 = 总成本/总产量

总成本 = 总固定成本 + 总变动成本

加成率 = 预期利润/产品总成本

成本加成定价法是企业较常用的定价方法。

1. 成本加成定价法优点

(1)该方法简便易行,资料容易取得。

(2)根据完全成本定价,能够保证企业所耗费的全部成本得到补偿,并在正常情况下能获得一定的利润。

(3)有利于保持价格的稳定。

(4)当消费者需求量增大时,按此方法定价,产品价格不会提高,而固定的加成,也使企业获得较稳定的利润。

(5)同一行业的各企业如果都采用完全成本加成定价,只要加成比例接近,所制定的价格也将接近,可以减少或避免价格竞争。

2. 成本加成定价法缺点

(1)完全成本加成法忽视了产品需求弹性的变化。不同的产品在同一时期,同一的产品在不同时期(产品生命周期不同阶段),同一的产品在不同的市场,其需求弹性都不相同。因此,产品价格在完全成本的基础上,加上一固定的加成比例,不能适应迅速变化的市场要求,缺乏应有的竞争能力。

(2)以完全成本作为定价基础缺乏灵活性,在有些情况下容易做出错误的决策。

(3) 不利于企业降低产品成本。

为了克服完全成本加成定价法的不足之处,企业可按产品的需求价格弹性的大小来确定成本加成比例。由于成本加成比例确定的恰当与否,价格确定的恰当与否依赖于需求价格弹性估计的准确程度,这就迫使企业必须密切注视市场,只有通过对市场进行大量的调查、详细的分析,才能估计出较准确的需求价格弹性,从而制定出正确的产品价格,增强企业在市场中的竞争能力,增加企业的利润。

> **课堂互动:**
> 　　某零售店经营某种手表,其进货价为120元/只,加成率为50%,则每只手表的零售价格为多少?
> **要点:**
> 　　120×(1+50%)=180元,毛利为60元。

(二)盈亏平衡定价法

盈亏平衡定价法是指在销量既定的条件下,企业产品的价格必须达到一定的水平才能做到盈亏平衡、收支相抵,也叫保本定价法或收支平衡定价法。

既定的销量就称为盈亏平衡点,科学地猜测销量和已知固定成本、变动成本是盈亏平衡定价的前提。

盈亏平衡定价法就是运用盈亏平衡分析原理来确定产品价格的方法。盈亏平衡分析的要点是确定盈亏平衡点,即企业收支相抵,利润为零时的状态,计算公式为:

盈亏平衡价格=固定成本/盈亏平衡销售量+单位变动成本

例:某饭店共有客房300间,全部客房年度固定成本总额为300万元,每间客房每天变动成本为10元,预计客房年平均出租率为80%,营业税率为5%,求该饭店客房保本时的价格。

根据所给数据和公式,计算如下:

假设该饭店房保本价格为 W,那么:

1 天的营业额:300(间)×80%(出租率)×W=240W(元)

1 天的变动成本费:300(间)×80%(出租率)×10=2 400(元)

1 天的增值税:营业额×6%=14.4W 元

综上可以得知:1 天的利润额:240W-2 400-14.4W=(225.6W-2 400)(元)

保本就是利润和成本相等,得出计算式:(225.6W-2 400)×365 天=3 000 000(元)

答案:W=47.07 元

> **课堂互动:**
>
> 举例说明:在实际营销过程中,由于盈利点之间的相互补充,可能会导致企业在定价时,价格甚至低于保底价(更多的是与保底价持平),以增加其他盈利点的收入。
>
> **要点:**
>
> 例如:互联网平台。互联网平台以低价产品或服务吸引客户,而将盈利点转向其他项目,譬如广告、活动等方面。

(三)边际贡献定价法

边际贡献定价法也称边际成本定价法,是指在变动成本的基础上,加上预期边际贡献来计算价格的定价方法。

边际贡献法是以变动成本作为定价基础,只要定价高于变动成本,企业就可以获得边际收益(边际贡献),用以抵补固定成本,剩余即为盈利。其计算公式为:

$$P=(CV+M)/Q$$

P 为单位产品价格;CV 为总的变动成本;Q 为预计销售量;M 为边际贡献,

M＝S－CV;S为预计销售收入。如果边际贡献等于或超过固定成本,企业就可以保本或盈利。

边际贡献定价法适用于产品供过于求、卖方竞争激烈的情况。在这种情况下,与其维持高价,导致产品滞销积压,丧失市场,不如以低价保持市场,不计固定成本,尽量维持生产。

二、需求导向定价法

需求导向定价法,是指以市场导向为指导,以消费者对商品价值的理解程度和需求强度为依据的定价方法,可分为理解价值定价法和区别需求定价法。

(一) 理解价值定价法

理解价值定价法是指企业根据消费者理解的某种商品的价值,而不是以成本来定价的方法。

理解价值定价法的关键和难点是获得消费者对有关商品价值理解的准确资料,能对消费者愿意承担的价格形成正确的估计和判断。

> **课堂互动:**
> 　　一小瓶名牌法国香水,成本不过十几法郎,而售价高达数百法郎,想想这是为什么?
>
> **要点:**
> 　　法国香水在定价过程中就是利用香水的名牌效应。

(二) 区别需求定价法

区别需求定价法又叫差别定价法,是指同一质量、功能、规格的商品可以根据消费者需求的不同而采用不同的价格的定价方法。

1. 因地点而异。如国内机场的商店、餐厅向乘客提供的商品价格普遍要远高于市内的商店和餐厅。

2. 因时间而异。如在购物黄金假期,商品价格较平时有一些增长。

3. 因商品而异。如在2008年奥运会举行期间，标有奥运会会徽或吉祥物的商品的价格，比其他同类商品的价格要高。

4. 因顾客而异。因顾客职业、阶层、年龄等原因，零售店在定价时给予其相应的优惠或提高价格，可获得良好的促销效果。

实行区别需求定价要具备以下条件：：市场能够根据需求强度的不同进行细分；细分后的市场在一定时期内相对独立，互不干扰；高价市场中不能有低价竞争者；价格差异适度，不会引起消费者的反感。

三、竞争导向定价法

竞争导向定价法是以市场上相互竞争的同类商品价格为定价基本依据，以随竞争状况的变化确定和调整价格水平为特征，与竞争商品价格保持一定的比例，而不过多考虑成本及市场需求因素的定价方法。常见的形式有随行就市定价法、主动竞争定价法、密封投标定价法。

（一）随行就市定价法

随行就市定价法是依据本行业通行的价格水平或平均价格制定价格的方法。采用随行就市定价法，往往无须对成本和需求做详细了解，定价比较简单，而且可以防止同行直接发生价格战。

这种定价适用于竞争激烈的均质商品，如大米、面粉、食油以及某些日常用品的价格确定，但是这种方法不太适合大型企业和市场领先的企业。

（二）主动竞争定价法

主动竞争定价法是根据本企业产品的实际情况及对手的产品差异状况来确定价格的方法。定价时首先将市场上竞争商品价格与零售店估算价格进行比较，分为高、一致及低三个价格层次。

（三）密封投标定价法

密封投标定价法是指在投标交易中，投标方根据招标方的规定和要求进行报价的方法。投标价格是根据对竞争者的报价估计确定的，而不是按企业自己的成本费用或市场需求来制定的。

投标方参加投标的目的是希望中标,所以报价应低于竞争对手的报价。一般来说,报价高、利润大,但中标机会小,如果因价高而招致败标,则利润为零;反之,报价低,虽中标机会大,但利润低,其机会成本可能大于其他投资方向。运用这种方法,最大的困难在于估计中标概率,这涉及对竞争者投标情况的掌握,只能通过市场调查及对过去投标资料的分析大致估计。

四、新产品定价法

定价策略是企业在充分考虑影响企业定价的内外部因素的基础上,为达到企业预定的定价目标而采取的价格策略。新产品定价是企业定价的一个重要方面。新产品定价合理与否,不仅关系到新产品能否顺利地进入市场、占领市场、取得较好的经济效益,而且关系到产品本身的命运和企业的前途。新产品定价主要有撇脂定价法、渗透定价法和满意定价等三种。

(一)撇脂定价法

撇脂定价法是指企业在新产品上市初期,以大大高于成本的价格出售,以便在短期内获取高额利润,尽快收回投资。

这一定价策略就像从牛奶中撇取其中所含的奶油一样,取其精华,所以称为"撇脂定价"。

1. 撇脂定价优点

(1)新产品初上市,顾客对其尚无理性认识,企业可利用制定较高的价格,创造高价、优质、名牌的产品形象。

(2)先制定较高价格,保证新产品有较大的调价空间,在竞争者大量进入市场时,便于主动降价,增强竞争能力,同时也容易吸引低收入阶层和对价格比较敏感的顾客。

(3)新产品刚上市,市场销量往往比较有限,采用高价有利于企业尽快回收研发成本,从而便于企业在短期内取得较大利润。

2. 撇脂定价缺点

(1)在新产品尚未建立声誉时,高价不利于市场开拓、增加销量,并且容易招致公众的反对和消费者抵触,易于诱发公共关系问题。

(2) 如果高价投放市场销路旺盛,容易导致竞争者大量涌入,仿制品、替代品迅速出现,会加速本行业竞争的白热化,从而导致价格急剧下降。

3. 撇脂定价适用条件

(1) 市场上存在一批购买力很强并且对价格不敏感的消费者;

(2) 暂时没有竞争对手推出同样的产品,本企业的产品具有明显的差别化优势;

(3) 当有竞争对手加入时,本企业有能力转换定价方法,通过提高性价比来提高竞争力;

(4) 本企业的品牌在市场上有传统的影响力。

(二) 渗透定价

渗透定价是一种建立在低价基础上的新产品定价策略,即在新产品进入市场初期,把价格定得很低,借以打开产品销路,扩大市场占有率,谋求较长时期的市场领先地位。

采用渗透定价的企业,在新产品入市初期,利润可能不高,甚至亏本,但通过排除竞争,开拓市场,却可以在长时期内获得较高的利润,因为大批量销售会使边际成本下降,边际收入上升。如果企业排除了竞争对手,控制了一定的市场,又可以提高价格,增加利润。所以,渗透定价又被称为"价格先低后高策略"。渗透价格通常既低于竞争者同类产品的价格,又低于消费者的预期价格。

1. 渗透定价优点

(1) 可以利用低价迅速打开产品销路,抢先占领市场,提高企业和品牌的声誉;

(2) 由于价低利薄,从而有利于阻止竞争对手的加入,保持企业一定的市场优势。

2. 渗透定价缺点

采用渗透定价的企业面临投资的回收期较长、见效慢、风险大,一旦渗透失利,企业就会一败涂地。

3. 渗透定价适用条件

(1) 有足够大的市场需求;

(2) 消费者对价格高度敏感而不是具有强烈的品牌偏好,大量生产能产生显著的成本经济效益;

(3) 低价策略能有效打击现存及潜在的竞争者。

(三) 满意定价

满意定价是一种介于撇脂定价策略和渗透定价略之间的价格策略。这种定价策略由于能使制造商和顾客都比较满意而得名,有时它又被称为"君子价格"或"温和价格"。

五、心理定价法

心理定价法是根据不同类型消费者的不同心理需要和对不同价格的感受,有意识地采取多种价格形式的一种定价策略。心理定价法主要有尾数定价法、整数定价法、高位定价法、习惯定价法、单位定价法、统一定价法、系列定价法等几种形式。

(一) 尾数定价策略

尾数定价,也称零头定价或缺额定价,即给产品定一个零头数结尾的非整数价格。大多数消费者在购买产品时,尤其是购买一般的日用消费品时,乐于接受尾数价格。如0.99元、9.98元等。消费者会认为这种价格经过精确计算,购买不会吃亏,从而产生信任感。同时,价格虽离整数仅相差几分或几角钱,但给人一种价低的感觉,符合消费者求廉的心理愿望。这种策略通常适用于基本生活用品。

(二) 整数定价策略

整数定价与尾数定价正好相反,企业有意将产品价格定为整数,以显示产品具有一定质量。整数定价多用于价格较贵的耐用品或礼品,以及消费者不太了解的产品,对于价格较贵的高档产品,顾客对质量较为重视,往往把价格高低作为衡量产品质量的标准之一,容易产生"一分价钱一分货"的感觉,从而有利于销售。

(三) 声望定价策略

声望定价即针对消费者"便宜无好货、价高质必优"的心理,对在消费者心目中享有一定声望,具有较高信誉的产品制定高价。不少高级名牌产品和稀缺产品,如豪华轿车、高档手表、名牌时装、名人字画、珠宝古董等,在消费者心目中享有极高的声望价值。购买这些产品的人,往往不在于产品价格,而最关心的是产品能否显示其身份和地位,价格越高,心理满足的程度也就越大。

(四) 习惯定价策略

有些产品在长期的市场交换过程中已经形成了为消费者所适应的价格,成为习惯价格。企业对这类产品定价时要充分考虑消费者的习惯倾向,采用"习惯成自然"的定价策略。对消费者已经习惯了的价格,不宜轻易变动。降低价格会使消费者怀疑产品质量是否有问题;提高价格会使消费者产生不满情绪,导致购买的转移。在不得不需要提价时,应采取改换包装或品牌等措施,减少抵触心理,并引导消费者逐步形成新的习惯价格。

(五) 招徕定价策略

这是适应消费者"求廉"的心理,将产品价格定得低于一般市价,个别的甚至低于成本,以吸引顾客、扩大销售的一种定价策略。采用这种策略,虽然几种低价产品不赚钱,甚至亏本,但从总的经济效益看,由于低价产品带动了其他产品的销售,企业还是有利可图的。

(六) 分档定价

分档定价,是指把同类商品比较简单分成几档,每档定一个价格,以简化交易手续,节省顾客时间。例如,经营鞋袜、内衣等商品,就是从××号到××号为一档,一档一个价格。

六、折扣定价法

折扣定价法是指企业对基础价格做出一定的让步,根据产品的销售对象、成交数量、交货时间、付款条件等因素的不同,给予不同价格折扣的一种定价方法,具体形式有数量折扣、现金折扣、功能折扣、季节折扣,间接折扣的形式有回扣和津贴。

(一) 数量折扣

数量折扣是指按购买数量的多少,分别给予不同的折扣,购买数量愈多,折扣愈大。其目的是鼓励大量购买或集中向本企业购买,包括累计数量折扣和一次性数量折扣。

1. 累计数量折扣

累计数量折扣是指规定顾客在一定时间内,购买商品若达到一定数量或金额,则按其总量给予一定折扣,其目的是鼓励顾客经常向本企业购买,成为可信赖的长期客户。

2. 一次性数量折扣

一次性数量折扣是指规定一次购买某种产品达到一定数量或购买多种产品达到一定金额,则给予折扣优惠,其目的是鼓励顾客大批量购买,促进产品多销、快销。

(二) 现金折扣

现金折扣是对在规定的时间内提前付款或用现金付款者所给予的一种价格折扣,其目的是鼓励顾客尽早付款,加速资金周转,降低销售费用,减少财务风险。

采用现金折扣一般要考虑三个因素:折扣比例;给予折扣的时间限制;付清全部货款的期限。

(三) 功能折扣

功能折扣是指生产企业根据中间商在产品分销过程中所承担的功能、责任和风险,对不同的中间商给予不同的折扣。

(四) 季节折扣

季节折扣是企业对淡季购买商品的顾客给予的一种减价优惠。

服装生产经营企业,对不合时令的服装,给予季节折扣,以鼓励中间商和用户提前购买、多购买;旅游公司在旅游淡季给游客以价格折扣,是为了招徕更多的生意。

七、产品组合定价法

产品组合定价法是指企业为了实现整个产品组合(或整体)利润最大化,在充分考虑不同产品之间的关系及个别产品定价高低对企业总利润的影响等因素基础上,系统地调整产品组合中相关产品的价格。

产品组合定价法主要有产品线定价法、附属产品定价法、任选产品定价法和捆绑定价法。

(一) 产品线定价法

产品线定价是根据购买者对同样产品线不同档次产品的需求,精选设计几种不同档次的产品和价格点。

(二) 附属产品定价法

附属产品定价法是以较低价销售主产品来吸引顾客,以较高价销售备选和附属产品来增加利润。如美国柯达公司推出一种与柯达胶卷配套使用的专用照相机,价廉物美,销路甚佳,结果带动柯达胶卷销量大大增加,尽管其胶卷价格较其他牌号的胶卷昂贵。

(三) 任选产品定价法

任选产品定价法是指在提供主要产品的同时,还附带提供任选品或附件与之搭配。

(四) 捆绑定价法

捆绑定价法是将数种产品组合在一起以低于分别销售时支付总额的价格销售。例:家庭影院是大屏幕电视、DVD 影碟机、音响的捆绑定价。

八、地区定价法

地区定价法是指与地理位置有关的制定价格的策略,常见形式:FOB 产地定价、统一交货定价、区域定价、基点定价、免收运费定价。

（一）FOB 产地定价法

FOB 即 Free On Board 的简称，多在外贸中专用。卖方需将某种产品（货物）运到产地某种运输工具（卡车、火车、轮船等）上交货并承担此前的一切风险和费用。买方承担交货后的一切风险和费用（包括运费）。FOB 产地定价法适用销路好、市场紧俏的产品，风险是远地顾客可能不购买这个企业产品。

（二）统一交货定价法

统一交货定价法是指企业对卖给不同地区的顾客的某种产品，都按照相同的运费定价，运费按平均运费计算。这个方法简单易行，实际上近的顾客承担了部分远的顾客的运费，受远地顾客喜欢。

（三）免费运费定价法

免费运费定价法又称津贴运费定价，企业承担部分或全部运输费用的定价策略。适用市场竞争激烈行业。

（四）区域定价法

区域定价法是指企业将区域销售市场分为不同的区域，各个区域因运输距离实行不同的价格，同一区域实行相同价格。

（五）基点定价法

基点定价法是指企业在产品销售的地理范围内选取某些城市作为定价基点，按顾客所在地加上运费。基点定价法适用于体积大、运费占成本比较重的企业。

牛刀小试

案例分析与交流

第一步：个人单独完成以下案例分析，写出要点；

第二步：小组每人轮流发言交流，同时其他成员记录发言人发言要点；

第三步：形成小组发言总要点；

第四步：以小组为单位在班级交流；

第五步：由各小组选取案例以表演的形式进行模拟展示，说明本小组的观点和见解，其他小组进行记录评价。

【案例一】

苹果产品的定价策略：要利润不要份额

2013年10月22日，苹果发布了多款新平板。业界注意到，苹果平板的整体价格水平，不降反增。

苹果发布了两款新平板，并对旧版进行了降价。但是总体来看，苹果平板的价格却更高了。配置视网膜屏幕的iPad mini定价399美元，高于之前的329美元。旧版iPad mini的价格，只下调了30美元。

苹果的价格策略，再次证明苹果不在意低端平板市场。苹果也多次表明，iPad定位于高端平板。目前，市面上的安卓平板，大部分定价低于250美元，和苹果平板相差甚远。

媒体指出，毋庸置疑的是，苹果的新平板将会热卖，但是苹果却丧失了洗牌平板市场、弥补自己损失的市场份额的机会，苹果新平板的定价再次表明其只关注高端平板市场，这意味着谷歌、亚马逊等厂商获得了400美元以下平板的广阔市场空间，未来安卓平板的份额会继续增长，苹果份额则将继续下跌。

当亚马逊推出Kindle Fire、谷歌推出Nexus 7时，这些平板以及合理的价格，迅速赢得了大批消费者。

如今，全球平板的平均售价正在下滑，分析师认为未来需求最大的是七八寸的平板。美国媒体指出，面对安卓平板厂商纷纷降价扩大市场份额，苹果却在违背潮流，对iPad产品线涨价两成，随着安卓平板的配置和功能不断提升，其性价比和吸引力，已经可以冲抵所谓的"苹果税"。

（案例来源：腾讯网，有删改）

问题：

(1) 苹果公司定价主要考虑的是什么因素？

(2) 面对竞争对手，企业理想的竞争对策是什么？

【案例二】

蒙玛公司的分段定价

蒙玛公司在意大利以"无积压商品"而闻名，其秘诀之一就是对时装分多段定价。它规定新时装上市，以3天为一轮，凡一套时装以定价卖出，每隔一轮按原价削减10%，以此类推，那么到10轮（一个月）之后，蒙玛公司的时装价格就削到了只剩35%左右的成本价了。这时的时装，蒙玛公司就以成本价售出。因为时装上市仅仅一个月，价格已跌到1/3，谁还不来买？所以一卖即空。蒙玛公司最后结算，赚钱比其他时装公司多，又没有积货的损失。国内也有不少类似范例。杭州一家新开张的商店，挂出"日价商场"的招牌，对店内出售的时装价格每日递减，直到销完。此招一出，门庭若市。

（案例来源：中国营销传播网，有删改）

问题：

(1) 该企业采取了何种定价策略？

(2) 该策略具有什么优缺点？

项目实训

项目产品定价

1. 任务描述

对本小组项目进行定价分析,制作PPT,并进行汇报。

2. 具体要求

(1) 礼仪和演讲要求。注意礼仪开场和收尾以及中间的穿插和衔接;汇报演讲中声音洪亮、吐词清楚、表情大方、严肃认真,精神饱满、有职业状态。

(2) PPT制作。字体大小合适、颜色对比清晰、布局规范、图文并茂、文图搭配合理、文字字数适当,有动态效果、音乐效果。

(3) 项目组全体成员参与,有明确分工,团队成员各人负责不同部分的内容准备、PPT制作和汇报,在PPT右下角注明制作、演讲人。

(4) 有一定的创新,符合小组项目的情况,体现小组项目的特色。

(5) 定价策略科学、分析透彻。

附：项目实训 PPT 汇报记录表

市场营销 PPT 汇报记录表

小组 1：_____ 项目名称：_____

<table>
<tr><th colspan="2">项目及分值</th><th>成员1</th><th>成员2</th><th>成员3</th><th>成员4</th><th>成员5</th><th>成员6</th></tr>
<tr><td rowspan="6">一、汇报情况 40</td><td rowspan="3">礼仪 20</td><td>礼仪开始 6</td><td></td><td></td><td></td><td></td><td></td></tr>
<tr><td>礼仪穿插和衔接 8</td><td></td><td></td><td></td><td></td><td></td></tr>
<tr><td>礼仪结束 6</td><td></td><td></td><td></td><td></td><td></td></tr>
<tr><td rowspan="3">演讲 20</td><td>声音洪亮、吐词清楚 6</td><td></td><td></td><td></td><td></td><td></td></tr>
<tr><td>表情大方、严肃认真 6</td><td></td><td></td><td></td><td></td><td></td></tr>
<tr><td>精神饱满、有职业状态 8</td><td></td><td></td><td></td><td></td><td></td></tr>
<tr><td rowspan="3">二、PPT 制作 30</td><td colspan="2">字体大小合适、颜色对比清晰、布局规范 10</td><td></td><td></td><td></td><td></td><td></td></tr>
<tr><td colspan="2">图文并茂、文图搭配合理、文字字数适当 10</td><td></td><td></td><td></td><td></td><td></td></tr>
<tr><td colspan="2">有动态效果、音乐效果 10</td><td></td><td></td><td></td><td></td><td></td></tr>
<tr><td rowspan="3">三、汇报内容 30</td><td colspan="2">产品详细列表 10</td><td></td><td></td><td></td><td></td><td></td></tr>
<tr><td colspan="2">定价策略 10</td><td></td><td></td><td></td><td></td><td></td></tr>
<tr><td colspan="2">定价方法 10</td><td></td><td></td><td></td><td></td><td></td></tr>
<tr><td colspan="3">四、特色创新加分 0-5</td><td></td><td></td><td></td><td></td><td></td></tr>
</table>

记录人：_____ 记录时间：_____

市场营销 PPT 汇报记录表

小组 2：＿＿＿＿＿＿＿＿＿＿＿＿　项目名称：＿＿＿＿＿＿＿＿＿＿＿＿

项目及分值			成员1	成员2	成员3	成员4	成员5	成员6
一、汇报情况40	礼仪20	礼仪开始6						
		礼仪穿插和衔接8						
		礼仪结束6						
	演讲20	声音洪亮、吐词清楚6						
		表情大方、严肃认真6						
		精神饱满、有职业状态8						
二、PPT制作30		字体大小合适、颜色对比清晰、布局规范10						
		图文并茂、文图搭配合理、文字字数适当10						
		有动态效果、音乐效果10						
三、汇报内容30		产品详细列表10						
		定价策略10						
		定价方法10						
四、特色创新加分 0－5								

记录人：＿＿＿＿＿＿＿＿　记录时间：＿＿＿＿＿＿＿＿

市场营销 PPT 汇报记录表

小组 3：_____   项目名称：_____

<table>
<tr><th colspan="3">项目及分值</th><th>成员 1</th><th>成员 2</th><th>成员 3</th><th>成员 4</th><th>成员 5</th><th>成员 6</th></tr>
<tr><td rowspan="6">一、汇报情况 40</td><td rowspan="3">礼仪 20</td><td>礼仪开始 6</td><td></td><td></td><td></td><td></td><td></td><td></td></tr>
<tr><td>礼仪穿插和衔接 8</td><td></td><td></td><td></td><td></td><td></td><td></td></tr>
<tr><td>礼仪结束 6</td><td></td><td></td><td></td><td></td><td></td><td></td></tr>
<tr><td rowspan="3">演讲 20</td><td>声音洪亮、吐词清楚 6</td><td></td><td></td><td></td><td></td><td></td><td></td></tr>
<tr><td>表情大方、严肃认真 6</td><td></td><td></td><td></td><td></td><td></td><td></td></tr>
<tr><td>精神饱满、有职业状态 8</td><td></td><td></td><td></td><td></td><td></td><td></td></tr>
<tr><td colspan="2" rowspan="3">二、PPT 制作 30</td><td>字体大小合适、颜色对比清晰、布局规范 10</td><td></td><td></td><td></td><td></td><td></td><td></td></tr>
<tr><td>图文并茂、文图搭配合理、文字字数适当 10</td><td></td><td></td><td></td><td></td><td></td><td></td></tr>
<tr><td>有动态效果、音乐效果 10</td><td></td><td></td><td></td><td></td><td></td><td></td></tr>
<tr><td colspan="2" rowspan="3">三、汇报内容 30</td><td>产品详细列表 10</td><td></td><td></td><td></td><td></td><td></td><td></td></tr>
<tr><td>定价策略 10</td><td></td><td></td><td></td><td></td><td></td><td></td></tr>
<tr><td>定价方法 10</td><td></td><td></td><td></td><td></td><td></td><td></td></tr>
<tr><td colspan="3">四、特色创新加分 0 – 5</td><td></td><td></td><td></td><td></td><td></td><td></td></tr>
</table>

记录人：_____   记录时间：_____

市场营销 PPT 汇报记录表

小组 4：＿＿＿＿＿＿＿＿＿＿　　项目名称：＿＿＿＿＿＿＿＿＿＿

项目及分值			成员1	成员2	成员3	成员4	成员5	成员6
一、汇报情况 40	礼仪 20	礼仪开始 6						
		礼仪穿插和衔接 8						
		礼仪结束 6						
	演讲 20	声音洪亮、吐词清楚 6						
		表情大方、严肃认真 6						
		精神饱满、有职业状态 8						
二、PPT制作 30		字体大小合适、颜色对比清晰、布局规范 10						
		图文并茂、文图搭配合理、文字字数适当 10						
		有动态效果、音乐效果 10						
三、汇报内容 30		产品详细列表 10						
		定价策略 10						
		定价方法 10						
四、特色创新加分 0－5								

记录人：＿＿＿＿＿＿＿　　记录时间：＿＿＿＿＿＿＿

市场营销 PPT 汇报记录表

小组 5：_____　项目名称：_____

<table>
<tr><th colspan="2">项目及分值</th><th>成员1</th><th>成员2</th><th>成员3</th><th>成员4</th><th>成员5</th><th>成员6</th></tr>
<tr><td rowspan="6">一、汇报情况 40</td><td>礼仪20 — 礼仪开始 6</td><td></td><td></td><td></td><td></td><td></td><td></td></tr>
<tr><td>礼仪20 — 礼仪穿插和衔接 8</td><td></td><td></td><td></td><td></td><td></td><td></td></tr>
<tr><td>礼仪20 — 礼仪结束 6</td><td></td><td></td><td></td><td></td><td></td><td></td></tr>
<tr><td>演讲20 — 声音洪亮、吐词清楚 6</td><td></td><td></td><td></td><td></td><td></td><td></td></tr>
<tr><td>演讲20 — 表情大方、严肃认真 6</td><td></td><td></td><td></td><td></td><td></td><td></td></tr>
<tr><td>演讲20 — 精神饱满、有职业状态 8</td><td></td><td></td><td></td><td></td><td></td><td></td></tr>
<tr><td rowspan="3">二、PPT制作 30</td><td>字体大小合适、颜色对比清晰、布局规范 10</td><td></td><td></td><td></td><td></td><td></td><td></td></tr>
<tr><td>图文并茂、文图搭配合理、文字字数适当 10</td><td></td><td></td><td></td><td></td><td></td><td></td></tr>
<tr><td>有动态效果、音乐效果 10</td><td></td><td></td><td></td><td></td><td></td><td></td></tr>
<tr><td rowspan="3">三、汇报内容 30</td><td>产品详细列表 10</td><td></td><td></td><td></td><td></td><td></td><td></td></tr>
<tr><td>定价策略 10</td><td></td><td></td><td></td><td></td><td></td><td></td></tr>
<tr><td>定价方法 10</td><td></td><td></td><td></td><td></td><td></td><td></td></tr>
<tr><td colspan="2">四、特色创新加分 0-5</td><td></td><td></td><td></td><td></td><td></td><td></td></tr>
</table>

记录人：_____　记录时间：_____

市场营销 PPT 汇报记录表

小组 6：_____ 项目名称：_____

<table>
<tr><th colspan="2">项目及分值</th><th>成员1</th><th>成员2</th><th>成员3</th><th>成员4</th><th>成员5</th><th>成员6</th></tr>
<tr><td rowspan="6">一、汇报情况 40</td><td>礼仪20 — 礼仪开始 6</td><td></td><td></td><td></td><td></td><td></td><td></td></tr>
<tr><td>礼仪20 — 礼仪穿插和衔接 8</td><td></td><td></td><td></td><td></td><td></td><td></td></tr>
<tr><td>礼仪20 — 礼仪结束 6</td><td></td><td></td><td></td><td></td><td></td><td></td></tr>
<tr><td>演讲20 — 声音洪亮、吐词清楚 6</td><td></td><td></td><td></td><td></td><td></td><td></td></tr>
<tr><td>演讲20 — 表情大方、严肃认真 6</td><td></td><td></td><td></td><td></td><td></td><td></td></tr>
<tr><td>演讲20 — 精神饱满、有职业状态 8</td><td></td><td></td><td></td><td></td><td></td><td></td></tr>
<tr><td rowspan="3">二、PPT制作 30</td><td>字体大小合适、颜色对比清晰、布局规范 10</td><td></td><td></td><td></td><td></td><td></td><td></td></tr>
<tr><td>图文并茂、文图搭配合理、文字字数适当 10</td><td></td><td></td><td></td><td></td><td></td><td></td></tr>
<tr><td>有动态效果、音乐效果 10</td><td></td><td></td><td></td><td></td><td></td><td></td></tr>
<tr><td rowspan="3">三、汇报内容 30</td><td>产品详细列表 10</td><td></td><td></td><td></td><td></td><td></td><td></td></tr>
<tr><td>定价策略 10</td><td></td><td></td><td></td><td></td><td></td><td></td></tr>
<tr><td>定价方法 10</td><td></td><td></td><td></td><td></td><td></td><td></td></tr>
<tr><td colspan="2">四、特色创新加分 0-5</td><td></td><td></td><td></td><td></td><td></td><td></td></tr>
</table>

记录人：_____ 记录时间：_____

项目七

确定分销渠道,化解渠道冲突

 项目实训目标

1. 理解和掌握分销渠道的基本概念、观念;

2. 讨论、制定本小组项目渠道策略;

3. 在制定渠道策略的过程中培养自我认知、团队分工、项目组建、沟通意识、合作意识、团队意识等能力。

○ 团队热身

研读并讨论以下案例,探讨企业定价策略有何启示,每小组派一代表发言。

第一步:个人单独完成以下案例分析,写出要点;

第二步:小组每人轮流发言交流,同时其他成员记录发言人发言要点;

第三步:形成小组发言总要点;

第四步:以小组为单位在班级交流。

传统企业建立网络分销渠道的方式

一、百度竞价

很多传统企业都在做百度竞价,因为它的效果立竿见影。据统计,目前使用百度来寻找产品和服务还有资讯的网民已经超过80%,企业做百度竞价,一定要做好合理的预算,合理选择竞价关键词,并选好关键词匹配模式撰写高质量的创意,这样企业做百度竞价才能成功,百度竞价是传统企业网络营销的法宝。

二、b2b 渠道

目前 b2b 市场非常适合传统企业建立分销渠道,目前做得比较好的是阿里巴巴、慧聪。成为 b2b 平台的会员,就可以发布企业产品信息,让一些企业或者商户快速找到你的产品,这种方式可以给企业带来很多大客户。

三、b2c 渠道

企业可以与一些大型的 b2c 平台合作,利用 b2c 平台也可以建立企业的分销渠道,快速提高企业的知名度和曝光度。目前好的 b2c 平台有淘宝分销平台、京东商城等。利用 b2c 平台可以大大减少企业人员成本,让更多人来帮企业销售产品,把企业的产品销售到全国各地。

四、搭建自己的分销平台

企业可以搭建自己分销平台,通过自己平台可以招一些一级、二级代理商还有渠道商,利用他们的资源来帮助企业销售产品,也让他们能分一杯羹。目前有很多传统企业都在走这条路线,利用自己平台来扩大销售渠道,比如服装行业。

(案例来源:站长之家网,有删改)

案例思考和讨论

(1) 该案例对传统的中小企业利用互联网拓展业务有什么启示?

(2) 传统中小企业如何应对"互联网+"战略带来的挑战?

> 他山之石

肯德基的特许经营渠道

肯德基以"特许经营"作为一种有效的方式在全世界拓展业务,至今已超过30年。肯德基1993年就在西安开始了加盟业务,目前肯德基在中国已拥有4 854家加盟餐厅。

肯德基在中国采取"不从零开始"的特许经营模式。"不从零开始"的特许经营,就是将一家成熟的肯德基餐厅整体转让给通过了资格评估的加盟申请人,同时授权其使用肯德基品牌继续经营。即加盟商是接手一家已在营业的肯德基餐厅,而不是开设新餐厅,加盟商无须从零开始筹建,避免了自行选址、筹备开店、招募及训练新员工的大量繁复的工作。

(案例来源:中国营销传播网,有删改)

> 案例思考和讨论

(1)对于肯德基特许加盟模式,有什么启示?

(2)该模式如何应对未来互联网的冲击?

研读并讨论以上案例,以小组为单位,每组派一代表发言。

> 千里之行

理论知识认知

一、分销渠道的涵义

（一）分销渠道的概念

渠道一般是指水渠、沟渠，是水流的通道，后被引入商业领域，引申为商品销售的路线，也就是商品的流通路线（即产品从生产领域流向消费领域所经过的通道，是沟通制造商与消费者的途径）。

在营销组合中，除了产品、促销和价格三个核心要素之外，第四个核心要素是地点（Place）。在营销管理中，这一要素通常被称为分销（distribution）。

分销渠道又称销售渠道，是指产品从制造商（制造商）向最终消费者或用户转移的过程中取得产品所有权或帮助转移所有权的所有组织和个人。

分销渠道是营销活动必不可少的要件，是商品运动的通道。在商品生产的条件下，企业生产商品，不是为了自己消费，而是为了满足市场的需要。企业要使生产的产品顺利地由生产领域向消费领域转移，实现其使用价值，取得一定的经济效益，就必须通过一定的市场营销渠道，在适当的时间、地点，以适当的价格和方式将产品提供给适当的消费者或用户。

课堂互动：

请同学们举例说明有哪些常见的分销渠道。

要点：

在生活中有很多分销渠道，如超市、商场、专卖店等。

(二)分销渠道的流程

产品在从生产领域向消费领域转移的过程中,组成分销渠道的各种机构通常是由五种基本形式的流程联结起来的,具体分为物流、商流、推广流、信息流、货币流。

1. 物流——实体

它是指产品从生产领域向消费者领域转移过程中的一系列实体运动,包括实体产品的储存、运输以及相关的产品包装、搬运、装卸、订单处理等。

2. 商流——所有权

它是指产品从生产领域向消费者领域转移过程中一系列交易运动,在交易中发生一系列的产品所有权转移。

3. 推广流——广告、公共关系

它是指产品从生产领域向消费者领域的转移过程,企业为了产品的销售而通过广告、公共关系、人员推销、营业推广等方式推广。

4. 信息流——通讯

它是指产品从生产领域向消费者领域转移过程中所发生的一切信息收集、传递和加工处理活动。

5. 货币流——付款

它是指产品从生产领域向消费者领域转移过程中所发生的货币运动。

(三)分销渠道的功能

分销渠道在企业的营销活动中的功能可细分为以下几个方面:

1. 销售功能

企业通过渠道实现产品销售,达到企业经营目标,赢取利润,这是渠道具有的最直接、最基本也是最有效的功能。

2. 洽谈功能

洽谈是制造商或经营者寻找潜在的购买者,并与之接触,实现交易的活动。

3. 沟通功能

渠道具有上下沟通商品信息，联系渠道成员之间客情关系的功能。

4. 服务功能

渠道还承担着为下游渠道成员提供服务的功能。

5. 信息功能

信息功能指分销渠道成员通过市场调研收集和整理有关消费者、竞争者及市场营销环境中的其他影响者的信息，并通过各种途径将信息传递给渠道内的其他渠道成员。

6. 物流功能

物流主要是指商品在流通环节的运输、储存及配送活动。

7. 承担风险功能

承担风险是指在商品流通的过程中，随着商品所有权的转移，市场风险在渠道成员之间的转换和分担。

8. 融资功能

渠道也是一个融资的通道。不论是制造商品，还是销售商品，都需要投入资金以完成商品所有权转移和实体流转的任务。

> **课堂互动：**
>
> 为什么说运营分销渠道是利用外部资源实现企业营销目标的必然选择？
>
> **要点：**
>
> 分销渠道可打造成企业的核心竞争力；
>
> 分销渠道是企业的宝贵财富；
>
> 得渠道者得天下。

(四)分销渠道的模式

由于我国个人消费者与生产性团体用户消费的主要商品不同,消费目的与购买特点等具有差异性,客观上使我国企业的分销渠道由两种基本模式构成,即企业对生产性团体用户的销售渠道模式、企业对个人消费者销售渠道模式。

1. 企业对个人消费者销售渠道模式

零层渠道:制造商——消费者。

一层渠道:制造商——零售商——消费者。

二层渠道:制造商——批发商——零售商——消费者。

三层渠道:制造商——代理商——批发商——零售商——消费者。

2. 企业对生产性团体用户的销售渠道模式

零层渠道:制造商——用户。

一层渠道:制造商——批发商——用户。

制造商——代理商——用户。

制造商——制造商销售机构——用户。

二层渠道:制造商——代理商——批发商——用户。

制造商——制造商销售机构——批发商——用户。

(五)分销渠道的类型

1. 直接分销渠道和间接分销渠道

根据有无中间商参与交换活动,可以将上述两种模式中的所有通道,归纳为两种最基本的销售渠道类型:直接分销渠道和间接分销渠道。

(1)直接分销渠道。直接分销渠道是指制造商不经过任何中间商而直接把产品销售给消费者,叫做直销渠道,可以分为自设门店、电话直销、电视直销、邮购直销、广告直销和网络营销等多种方式。

直接分销渠道的优点如下:

● 有利于产、需双方沟通信息,可以按需生产,更好地满足目标顾客的需要。由于是面对面的销售,用户可更好地掌握商品的性能、特点和使用方法;制造商能直接了解用户的需求、购买等特点及其变化趋势,进而了解竞争对手的优势和劣势及其营销环境的变化,为按需生产创造了条件。

- 可以降低产品在流通过程中的损耗。由于去掉了商品流转的中间环节,减少了销售损失,有时也能加快商品的流转。
- 可以使购销双方在营销上相对稳定。一般来说,直销渠道进行商品交换,都签订合同,数量、时间、价格、质量、服务等都按合同规定履行,购销双方的关系以法律的形式于一定时期内固定下来,使双方把精力用于其他方面的战略性谋划。
- 可以在销售过程中直接进行促销。例如,企业派员直销,不仅促进了用户订货,同时也扩大了企业和产品在市场中的影响,又促进了新用户的订货。

直接分销渠道的缺点如下:

- 产品和目标顾客方面:对于绝大多数生活资料商品,其购买呈小型化、多样化和重复性上,制造商若凭自己的力量去广设销售网点,很难使产品在短期内广泛分销,很难迅速占领或巩固市场,企业目标顾客的需要得不到及时满足,势必转移方向购买其他厂家的产品,这就意味着企业失去目标顾客和市场占有率。
- 在商业协作伙伴方面:商业企业在销售方面比生产企业经验丰富,这些中间商最了解顾客的需求和购买习性,在商业流转中起着不可缺少的桥梁作用。而制造商自身进行市场调查,包揽了中间商所承担的人、财、物等费用,则会加重制造商的工作负荷,分散制造商的精力,使得目标顾客的需求难以得到及时满足。

(2)间接分销渠道。间接分销渠道是指制造商利用中间商将商品供应给消费者或用户,中间商介入交换活动。

间接分销渠道的典型形式是:制造商——批发商——零售商——个人消费者。现阶段,我国消费品需求总量和市场潜力很大,且多数商品的市场正逐渐由卖方市场向买方市场转化。与此同时,对于生活资料商品的销售,市场调节的比重已显著增加,工商企业之间的协作已日趋广泛、密切。

随着市场的开放和流通领域的搞活,我国以间接分销的商品比重增大。企业在市场中通过中间商销售的方式很多,如厂店挂钩、特约经销、零售商或批发商直接从工厂进货、中间商为工厂举办各种展销会等。

间接分销渠道的优点如下:

- 有助于产品广泛分销。中间商在商品流转的始点同制造商相连,在其终点与消费者相连,从而有利于调节生产与消费在品种、数量、时间与空间等方面的矛盾。既有利于满足生产厂家目标顾客的需求,也有利于生产企业产品价值的实现,更能使产品广泛的分销,巩固已有的目标市场,扩大新的市场。

- 缓解制造商人、财、物等力量的不足。中间商购走了制造商的产品并交付了款项,就使制造商提前实现了产品的价值,开始新的资金循环和生产过程。此外,中间商还承担销售过程中的仓储、运输等费用,也承担着其他方面的人力和物力,这就弥补了制造商营销中的力量不足。

- 间接渠道中的消费者往往是货比数家后才购买产品,而一位中间商通常经销众多厂家的同类产品,中间商对同类产品的不同介绍和宣传,对产品的销售影响甚大。此外,实力较强的中间商还能支付一定的宣传广告费用,具有一定的售后服务能力。所以,制造商若能取得与中间商的良好协作,就可以促进产品的销售,并从中间商那里及时获取市场信息。

- 有利于企业之间的专业化协作。现代机器大工业生产的日益社会化和科学技术的突飞猛进,使专业化分工日益精细,企业只有广泛地进行专业化协作,才能更好地迎接新技术、新材料的挑战,才能经受住市场的严峻考验,才能大批量、高效率地进行生产。中间商是专业化协作发展的产物。制造商产销合一,既难以有效地组织商品的流通,又使生产精力分散。有了中间商的协作,制造商可以从繁琐的销售业务中解脱出来,集中力量进行生产,专心致志地从事技术研究和技术革新,促进生产企业之间的专业化协作,以提高生产经营的效率。

间接分销渠道的缺点如下:

- 可能形成"需求滞后差"。中间商购走了产品,并不意味着产品就从中间商手中销售出去了,有可能销售受阻。对于某一制造商而言,一旦其多数中间商的销售受阻,就形成了"需求滞后差",即需求在时间或空间上滞后于供给。但生产规模既定,人员、机器、资金等照常运转,生产难以剧减。当需求继续减少,就会导致产品的供给更加大于需求。若多数商品出现类似情况,便造成所谓的市场疲软现象。

- 可能加重消费者的负担,导致抵触情绪。流通环节增大储存或运输中的商品损耗,如果都转嫁到价格中,就会增加消费者的负担。此外,中间商服务工作欠佳,可能导致顾客对商品的抵触情绪,甚至引起购买的转移。

- 不便于直接沟通信息。如果与中间商协作不好,生产企业就难以从中间商的销售中了解和掌握消费者对产品的意见、竞争者产品的情况、企业与竞争对手的优势和劣势、目标市场状况的变化趋势等。在当今风云变幻、信息爆炸的市场中,企业信息不灵,生产经营必然会迷失方向,也难以保持较高的营销效益。

2. 按分销渠内销道的长度划分,分为长渠道与短渠道

长渠道是指经过两道以上中间环节后到达消费者手中的渠道。短渠道是指产品直接到达消费者或只经过一道中间环节的渠道。

分销渠道的长度取决于商品在整个流通过程中经过的流通环节或中间层次的多少,经过的流通环节或中间层次越多分销渠道就越长,反之分销渠道就比较短。

3. 按分销渠道的宽度划分,分为宽渠道与窄渠道

渠道宽窄取决于渠道的每个环节中使用同类型中间商数目的多少。企业使用的同类中间商多,产品在市场上的分销面广,称为宽渠道。如一般的日用消费品(毛巾、牙刷、开水瓶等),由多家批发商经销,又转卖给更多的零售商,能大量接触消费者,大批量地销售产品。企业使用的同类中间商少,分销渠道窄,称为窄渠道,它一般适用于专业性强的产品,或贵重耐用的消费品,由一家中间商统包,几家经销。它使生产企业容易控制分销,但市场分销面受到限制。

4. 按渠道成员之间的关系来划分,分为传统分销渠道与分销渠道系统

(1) 传统分销渠道。传统分销渠道是指一般的分销组织形态,渠道成员之间是一种松散的合作关系,这种关系是临时的、偶然的、不稳定的,并且各个成员之间追求自己的利润最大化,整个分销渠道效率低下。

(2) 分销渠道系统。分销渠道系统是指渠道成员直接实行纵向和横向联合多渠道达到同一目标市场,以渠道形成规模经济效益。

二、中间商的涵义

(一) 中间商的概念

中间商指处于制造商和消费者之间参与产品交换,促进买卖行为发生和实现的,具有法人资格的经济组织或个人。

中间商是通过转售商品和服务,从中获得利润差价。中间商市场更接近消费者市场,对消费者市场的需求变化更加敏感,在市场分布上比制造商市场相对分散,但比消费者市场较为集中。

中间商指分销渠道里的中间环节,包括批发商、零售商、代理商和经纪人等。

1. 批发商

批发商是指向生产企业购进产品,然后转售给零售商、产业用户或各种非营利组织,不直接服务于个人消费者的商业机构,位于商品流通的中间环节。

批发商分类如下:

(1) 普通商品批发商。经营的商品范围较广、种类繁多,批发对象主要是中小零售商店。在产业用户市场上,直接面对产品用户。

(2) 大类商品批发商。专营某大类商品,经营的这类商品花色、品种、品牌、规格齐全。通常是以行业划分商品品类,如服装批发商,酒类批发公司、专营汽车零配件的公司、仪器批发公司等。

(3) 专业批发商。专业化程度高,专营某类商品中的某个品牌。经营商品范围虽然窄而单一,但业务活动范围和市场覆盖面却十分大,一般是全国性的。如服装批发商、商品粮批发商、石油批发商、木材批发商、纸张批发商、金属材料

批发商、化工原料批发商、矿产品批发商等。

(4) 批发交易市场。批发交易市场是介于零售业和批发业之间的一种经营业态,交易行为也不十分规范,是以批发价格对商品进行批量交易。其类型有产地批发市场、销地批发市场、集散地批发市场。

2. 零售商

零售商(Retailer)是指将商品直接销售给最终消费者的中间商,是相对于制造商和批发商而言的,处于商品流通的最终阶段。

零售商的基本任务是直接为最终消费者服务,它的职能包括购、销、调、存、加工、拆零、分包、传递信息、提供销售服务等。在地点、时间与服务方面,方便消费者购买,它又是联系生产企业、批发商与消费者的桥梁,在分销途径中具有重要作用。

零售商是分销渠道的最终环节。面对个人消费者市场,是分销渠道系统的终端,直接联结消费者,完成产品最终实现价值的任务。零售商业对整个国民经济的发展起着重大的作用。零售商业种类繁多、经营方式变化快,构成了多样的、动态的零售分销系统。

3. 代理商

代理商又称商务代理,是指在其行业惯例范围内接受他人委托,为他人促成或缔结交易的一般代理人。代理商(Agents)是代企业打理生意,是厂家给予商家佣金额度的一种经营行为。所代理货物的所有权属于厂家,而不是商家。因为商家不是售卖自己的产品,而是代企业转手卖出去。

代理商主要分为总代理、区域与分品牌代理、总代理自己建立的省级分公司等。

4. 经纪人

经纪人是指为促成他人商品交易,在委托方和合同他方订立合同时充当订约居间人,为委托方提供订立合同的信息、机会、条件,或者在隐名交易中代表委托方与合同方签订合同的经纪行为而获取佣金的依法设立的经纪组织和个人。

（二）中间商的功能

1. 提高销售活动的效率

在跨国公司和全球经济迅速发展的今天，如果没有中间商，而是由制造商把商品直接销售给消费者，工作量将非常大，而且不符合社会分工；对于消费者来说，消费者在中间商那里购买商品，可以节省大量时间和精力。

2. 储存和分销产品

中间商从不同的生产厂家购买产品，再将产品分销到消费者，这个过程中，中间商要运输、保护和储存产品。

3. 监督检查产品

中间商在订购产品时会考察生产厂家产品的各个方面，同时销售产品时会划分等级，这会起到监督检查产品的作用。

4. 传递信息

中间商在从生产厂家购买产品并把产品销售给消费者的过程，就是信息的传递过程。一方面向厂家介绍消费者的需求、市场的信息、同类产品各竞争厂家的情况；另外一个方面向消费者介绍企业信息、产品信息。

三、分销渠道的设计与管理

（一）分销渠道的设计

1. 确定渠道模式

企业分销渠道设计首先是要决定采取什么类型的分销渠道，是派推销人员上门推销或以其他方式自销，还是通过中间商分销。如果决定中间商分销，还要进一步决定选用什么类型和规模的中间商。

2. 确定中间商的数目

确定中间商的数目即决定渠道的宽度，这主要取决于产品本身的特点，市场容量的大小和需求面的宽窄。通常有三种可供选择的形式：

（1）密集性分销。密集性分销是指运用尽可能多的中间商分销，使渠道尽可能加宽。消费品中的便利品（卷烟、火柴、肥皂等）和工业用品中的标准件，通用小工具等,适于采取这种分销形式,以提供购买上的最大便利。

(2) 独家分销。独家分销是指在一定地区内只选定一家中间商经销或代理,实行独家经营。独家分销是最极端的形式,是最窄的分销渠道,通常只对某些技术性强的耐用消费品或名牌货适用。独家分销对制造商的好处是:有利于控制中间商,提高他们的经营水平;也有利于加强产品形象,增加利润。但这种形式有一定风险,如果这一家中间商经营不善或发生意外情况,制造商就要蒙受损失。

采用独家分销形式时,通常产销双方会议定,销方不得同时经营其他竞争性商品,产方也不得在同一地区另找其他中间商。这种独家经营妨碍竞争,因而在某些国家被法律所禁止。

(3) 选择性分销。这是介乎上述两种形式之间的分销形式,即有条件地精选几家中间商进行经营。这种形式对各类产品都适用,它比独家分销面宽,有利于扩大销路,开拓市场,展开竞争;比密集性分销又节省费用,较易于控制,不必分散太多的精力。有条件地选择中间商。还有助于加强彼此之间的了解和联系,使被选中的中间商愿意努力提高推销水平。因此,这种分销形式效果较好。

(4) 复合式分销。这是指制造商通过多条渠道将相同的产品销售给不同的市场和相同的市场,这种分销策略有利于调动各方面的积极性。

3. 规定渠道成员彼此的权利和责任

在确定了渠道的长度和宽度之后,企业还要规定与中间商彼此之间的权利和责任,如对不同地区、不同类型的中间商和不同的购买量给予不同的价格折扣,提供质量保证和跌价保证,以促使中间商积极进货。还要规定交货和结算条件,以及规定彼此为对方提供哪些服务,如产方提供零配件,代培技术人员,协助促销;销方提供市场信息和各种业务统计资料。在制造商同中间商签约时应包括以上内容。

(二) 分销渠道管理

企业管理人员在进行渠道设计之后,还必须对中间商进行选择、激励、评估和调整。

1. 选择渠道成员

总的来说,知名度高的、实力雄厚的制造商很容易找到适合的中间商;而知名度低的、新的、中小制造商较难找到适合的中间商。无论难易,制造商选择渠道成员应注意以下条件:能否接近企业的目标市场;地理位置是否有利;市场覆盖有多大;中间商对产品的销售对象和使用对象是否熟悉;中间商经营的商品大类中,是否有相互促进的产品或竞争产品;资金大小,信誉高低,营业历史的长短及经验是否丰富;拥有的业务设施,如交通运输、仓储条件、样品陈列设备等情况如何;从业人员的数量多少,素质的高低;销售能力和售后服务能力的强弱;管理能力和信息反馈能力的强弱。

2. 激励渠道成员

制造商不仅要选择中间商,而且要经常激励中间商使之尽职。促使经销商进入渠道的因素和条件已经构成部分激励因素,但制造商要注意对中间商的批评,批评应设身处地为别人着想,而不仅从自己的观点出发。同时,制造商必须尽量避免激励过分(如给中间商的条件过于优惠)和激励不足(如给中间商的条件过于苛刻)两种情况。

3. 评估渠道成员

制造商除了选择和激励渠道成员外,还必须定期地、客观地评估他们的绩效。如果某一渠道成员的绩效过分低于既定标准,则需找出主要原因,同时还应考虑可能的补救方法。当放弃或更换中间商将导致更坏的结果时,制造商只好容忍这种令人不满的局面;当不会出现更坏的结果时,制造商应要求工作成绩欠佳的中间商在一定时期内有所改进,否则就要取消它的资格。

4. 调整销售渠道

制造商要根据实际情况及渠道成员的实绩,对渠道结构适时加以调整:增减渠道成员;增减销售渠道;变动分销系统。

（三）化解渠道冲突

1. 窜货现象及整治

窜货，也叫冲货、倒货，是由于产品经销网络中的各级经销商和代理商、分公司等受利益驱动，使所经销的产品跨区域销售，造成价格混乱。

窜货现象产生的原因是多种多样的，但根源还是在于利益驱动和人为因素。

2. 窜货现象出现的原因

（1）价格体系混乱。由于各区域市场经济情况、销售数量以及市场规模不同，价格之间存在差异，导致产品由低价格区域向高价格区域流动。

（2）企业盲目为经销商定销售指标。年终奖励条款是厂家鼓励经销商完成年度经销目标量，遵循厂家各类销售政策，规范有序地运作市场的一种有效手段。但是，年终奖励是一把双刃剑，一旦运用得不好，反而会成为越区销售的诱发剂。

（3）企业实施普遍经销制。在同一地区出现两家甚至更多的经销商。在有限的销售区域内，这些经销商就容易进行价格战而向其他区域窜货。

（4）企业的一些营销人员鼓励经销商违规。这是因为营销人员的收入是与销售业绩挂钩的。

3. 窜货的形式。

窜货有许多种，从窜货的性质上看，窜货分为自然窜货、良性窜货和恶性窜货。从窜货表现上分，可分为经销商之间的窜货、分公司之间的窜货和企业销售总部的违规操作导致的窜货。

4. 窜货的危害

（1）当产品的价格体系被破坏，商家的利润被掏空后，经销商就会对产品、品牌失去信心。经销商销售某品牌产品的最直接动力是利润，而当渠道受到攻击，经销商的正常销售受到严重干扰，经营利润降到期望值以下时，就会挫伤经销商的积极性。

（2）窜货会导致产品质量和服务品质的下降。当窜货发生时，受损害的经销商不仅不会对产品的售后承担责任,而且通常会要求从上游渠道得到一些让步,比如说价格上的保护等,由此引发一系列的连锁反应。

(3) 窜货现象导致价格混乱和渠道受阻,严重威胁着品牌无形资产和企业的正常经营。

5. 渠道冲突的管理

(1) 制定完善的营销政策。

包括:

① 制定完善的价格政策。企业的价格政策不仅要考虑出厂价格,而且还要考虑一批价、二批价、终端销售价。

② 制定完善的专营权政策。企业和经销商签订专营权合同时,要对窜货问题做出明确的规定。

③ 制定完善的促销政策。在制定促销政策时,大多数厂家过多地看重了结果,而忽视了促销过程和质量,从而造成一促销就窜货,停止促销就销不动的局面。

④ 完善的返利政策。在返利方面,厂家应在合同中注明以下条款:返利的标准;返利的时间;返利的形式;返利的附属条件。

(2) 建立健康稳定的营销网络。

应明确总经销商的市场区域范围,并在相邻区域内分别设立不同的总经销商,从网络体系上堵住可能产生跨区域销售行为的漏洞。

以城市市场为中心,建立起区域内的包括二级批发商、三级批发商、零售商在内的销售网络,以区域内完整的销售体系来抵御其他区域外总经销商的冲击。

总经销商一旦确定,就应该维持相关区域营销网络的相对稳定,除非特殊情况,不应轻易更换总经销商,避免出现市场真空。

要求各地经销商采取"高筑墙,不扩张"的相邻市场关系政策。把主要精力放在本地市场的潜力挖掘上,不给其他经销商创造进入本地市场的机会,同时也严格禁止向其他市场扩张。

(3) 培养稳健的经营作风。

稳健的经营作风可以有效地控制窜货现象。

(4) 建立健全的渠道管理体系。

牛刀小试

案例分析与交流

第一步：个人单独完成以下案例分析，写出要点；

第二步：小组每人轮流发言交流，同时其他成员记录发言人发言要点；

第三步：形成小组发言总要点；

第四步：以小组为单位在班级交流；

第五步：由各小组选取案例以表演的形式进行模拟展示，说明本小组的观点和见解，其他小组进行记录评价。

【案例一】

冰箱销售方案选择

北京某冰箱厂生产的冰箱要销往石家庄，有下面三种方案供其选择。

方案1：在石家庄开一个门市部，每月可以销售冰箱300台，这种冰箱每台生产成本1 200元，由北京运往石家庄的运费每台75元，在石家庄的零售价每台1 650元，这个门市部每月房租45 000元，工作人员工资和其他费用15 000元。

方案2：在石家庄找三家特约经销商，他们在石家庄每月销售冰箱450台，给经销商每台的售价为1 365元（包括运费），每台利润90元。

方案3：在北京找一个批发商，通过它把冰箱销往石家庄，每月可以销售

180台,给批发商每台的售价1 275元(不含运费),每台利润75元。

问题:

请根据材料提示,为这家冰箱厂选择一种方案。

【案例二】

"沃尔玛"进军中国商界

沃尔玛连锁公司是20世纪六七十年代崛起于美国的商业企业,也是目前世界上最大的商业零售企业。虽然沃尔玛是世界上最大的商业零售企业,但其市场一直是在美国,直到1991年,沃尔玛才开始进入国际市场。目前,沃尔玛在全世界有3 000多家商店,其中2 000多家是普通小型连锁店,400多家山姆会员店,300多家购物广场。

沃尔玛劳师远征,实力固然是保障,但更重要的还是他们的经营思想和先进经营方式。作为跨国连锁店公司,沃尔玛有最现代化的商品配送中心,80%的商品都从当地的供货商采购。沃尔玛的经营宗旨就是,以低廉的价格为消费者提供高品质的商品。在沃尔玛商店里,商品基本上都是各地的名牌产品,这使商品质量有了最基本的保证。作为跨国连锁店公司,沃尔玛有最现代化的卫星电脑管理系统,协助管理及降低成本。同时,沃尔玛的低价格是吸引顾客的重要原因之一,也是沃尔玛在市场上所向披靡的重要法宝,他们奉行"天天平价,始终如一"的经营原则,保证信誉、减少环节、杜绝回扣、一手交钱一手交货,这使得沃尔玛能以最低的价格从供货商得到稳定、及时的商品供应,诱使顾客心甘情愿地掏出钱包。沃尔玛的服务观念也是很先进的,在沃尔玛购物广场的店堂内,张贴的《顾客服务原则》常常引起顾客会心的微笑:"第一条,顾客永远是对的;第二条,如有疑问,仍遵照第一条原则。"正是这些先进的经营思想和管理方式,每年给沃尔玛创造了上千亿美元的销售额,成为当今世界上最大的商业零售企业。

(案例来源:新华网,有删改)

问题：

（1）沃尔玛采取的渠道模式是哪一种？

（2）沃尔玛做到"天天平价，始终如一"的基础是什么？

项目实训

项目渠道分析

1. 任务描述

对本小组项目渠道进行分析设计，制作PPT，并进行汇报。

2. 具体要求

（1）礼仪和演讲要求。注意礼仪开场和收尾以及中间的穿插和衔接；汇报演讲中声音洪亮、吐词清楚，表情大方、严肃认真、精神饱满、有职业状态。

（2）PPT制作。字体大小合适、颜色对比清晰、布局规范、图文并茂、文图搭配合理、文字字数适当，有动态效果、音乐效果。

（3）项目组全体成员参与，有明确分工。团队成员各人负责不同部分的内容准备、PPT制作和汇报，在PPT右下角注明制作、演讲人。

（4）有一定的创新，符合小组项目的情况，体现自己项目的特色。

（5）渠道设计科学、分析透彻，内容完整。

附：项目实训 PPT 汇报记录表

市场营销 PPT 汇报记录表

小组1：_____ 项目名称：_____

项目及分值		成员1	成员2	成员3	成员4	成员5	成员6
一、汇报情况 40	礼仪 20	礼仪开始 6						
		礼仪穿插和衔接 8						
		礼仪结束 6						
	演讲 20	声音洪亮、吐词清楚 6						
		表情大方、严肃认真 6						
		精神饱满、有职业状态 8						
二、PPT制作 30	字体大小合适、颜色对比清晰、布局规范 10							
	图文并茂、文图搭配合理、文字字数适当 10							
	有动态效果、音乐效果 10							
三、汇报内容 30	分销渠道类型 10							
	分销渠道设计 10							
	分销渠道管理 10							
四、特色创新加分 0-5								

记录人：_____ 记录时间：_____

市场营销 PPT 汇报记录表

小组 2：_____ 项目名称：_____

<table>
<tr><th colspan="2">项目及分值</th><th>成员1</th><th>成员2</th><th>成员3</th><th>成员4</th><th>成员5</th><th>成员6</th></tr>
<tr><td rowspan="6">一、汇报情况40</td><td>礼仪20 — 礼仪开始6</td><td></td><td></td><td></td><td></td><td></td><td></td></tr>
<tr><td>礼仪20 — 礼仪穿插和衔接8</td><td></td><td></td><td></td><td></td><td></td><td></td></tr>
<tr><td>礼仪20 — 礼仪结束6</td><td></td><td></td><td></td><td></td><td></td><td></td></tr>
<tr><td>演讲20 — 声音洪亮、吐词清楚6</td><td></td><td></td><td></td><td></td><td></td><td></td></tr>
<tr><td>演讲20 — 表情大方、严肃认真6</td><td></td><td></td><td></td><td></td><td></td><td></td></tr>
<tr><td>演讲20 — 精神饱满、有职业状态8</td><td></td><td></td><td></td><td></td><td></td><td></td></tr>
<tr><td rowspan="3">二、PPT制作30</td><td>字体大小合适、颜色对比清晰、布局规范10</td><td></td><td></td><td></td><td></td><td></td><td></td></tr>
<tr><td>图文并茂、文图搭配合理、文字字数适当10</td><td></td><td></td><td></td><td></td><td></td><td></td></tr>
<tr><td>有动态效果、音乐效果10</td><td></td><td></td><td></td><td></td><td></td><td></td></tr>
<tr><td rowspan="3">三、汇报内容30</td><td>分销渠道类型10</td><td></td><td></td><td></td><td></td><td></td><td></td></tr>
<tr><td>分销渠道设计10</td><td></td><td></td><td></td><td></td><td></td><td></td></tr>
<tr><td>分销渠道管理10</td><td></td><td></td><td></td><td></td><td></td><td></td></tr>
<tr><td colspan="2">四、特色创新加分 0－5</td><td></td><td></td><td></td><td></td><td></td><td></td></tr>
</table>

记录人：_____ 记录时间：_____

市场营销 PPT 汇报记录表

小组 3：＿＿＿＿＿＿＿＿＿＿＿＿　　　项目名称：＿＿＿＿＿＿＿＿＿＿＿＿

项目及分值			成员1	成员2	成员3	成员4	成员5	成员6
一、汇报情况40	礼仪20	礼仪开始6						
		礼仪穿插和衔接8						
		礼仪结束6						
	演讲20	声音洪亮、吐词清楚6						
		表情大方、严肃认真6						
		精神饱满、有职业状态8						
二、PPT制作30		字体大小合适、颜色对比清晰、布局规范10						
		图文并茂、文图搭配合理、文字字数适当10						
		有动态效果、音乐效果10						
三、汇报内容30		分销渠道类型10						
		分销渠道设计10						
		分销渠道管理10						
四、特色创新加分 0－5								

记录人：＿＿＿＿＿＿＿＿　记录时间：＿＿＿＿＿＿＿＿

市场营销 PPT 汇报记录表

小组 4：＿＿＿＿＿＿＿＿＿＿ 项目名称：＿＿＿＿＿＿＿＿＿＿

项目及分值			成员 1	成员 2	成员 3	成员 4	成员 5	成员 6
一、汇报情况 40	礼仪 20	礼仪开始 6						
		礼仪穿插和衔接 8						
		礼仪结束 6						
	演讲 20	声音洪亮、吐词清楚 6						
		表情大方、严肃认真 6						
		精神饱满、有职业状态 8						
二、PPT 制作 30		字体大小合适、颜色对比清晰、布局规范 10						
		图文并茂、文图搭配合理、文字字数适当 10						
		有动态效果、音乐效果 10						
三、汇报内容 30		分销渠道类型 10						
		分销渠道设计 10						
		分销渠道管理 10						
四、特色创新加分 0－5								

记录人：＿＿＿＿＿＿＿＿ 记录时间：＿＿＿＿＿＿＿＿

市场营销 PPT 汇报记录表

小组 5：_____ 项目名称：_____

<table>
<tr><th colspan="3">项目及分值</th><th>成员1</th><th>成员2</th><th>成员3</th><th>成员4</th><th>成员5</th><th>成员6</th></tr>
<tr><td rowspan="6">一、汇报情况 40</td><td rowspan="3">礼仪 20</td><td>礼仪开始 6</td><td></td><td></td><td></td><td></td><td></td><td></td></tr>
<tr><td>礼仪穿插和衔接 8</td><td></td><td></td><td></td><td></td><td></td><td></td></tr>
<tr><td>礼仪结束 6</td><td></td><td></td><td></td><td></td><td></td><td></td></tr>
<tr><td rowspan="3">演讲 20</td><td>声音洪亮、吐词清楚 6</td><td></td><td></td><td></td><td></td><td></td><td></td></tr>
<tr><td>表情大方、严肃认真 6</td><td></td><td></td><td></td><td></td><td></td><td></td></tr>
<tr><td>精神饱满、有职业状态 8</td><td></td><td></td><td></td><td></td><td></td><td></td></tr>
<tr><td rowspan="3">二、PPT制作 30</td><td colspan="2">字体大小合适、颜色对比清晰、布局规范 10</td><td></td><td></td><td></td><td></td><td></td><td></td></tr>
<tr><td colspan="2">图文并茂、文图搭配合理、文字字数适当 10</td><td></td><td></td><td></td><td></td><td></td><td></td></tr>
<tr><td colspan="2">有动态效果、音乐效果 10</td><td></td><td></td><td></td><td></td><td></td><td></td></tr>
<tr><td rowspan="3">三、汇报内容 30</td><td colspan="2">分销渠道类型 10</td><td></td><td></td><td></td><td></td><td></td><td></td></tr>
<tr><td colspan="2">分销渠道设计 10</td><td></td><td></td><td></td><td></td><td></td><td></td></tr>
<tr><td colspan="2">分销渠道管理 10</td><td></td><td></td><td></td><td></td><td></td><td></td></tr>
<tr><td colspan="3">四、特色创新加分 0-5</td><td></td><td></td><td></td><td></td><td></td><td></td></tr>
</table>

记录人：_____ 记录时间：_____

市场营销 PPT 汇报记录表

小组 6：＿＿＿＿＿＿＿＿＿＿＿＿　　项目名称：＿＿＿＿＿＿＿＿＿＿＿＿

项目及分值			成员1	成员2	成员3	成员4	成员5	成员6
一、汇报情况 40	礼仪 20	礼仪开始 6						
		礼仪穿插和衔接 8						
		礼仪结束 6						
	演讲 20	声音洪亮、吐词清楚 6						
		表情大方、严肃认真 6						
		精神饱满、有职业状态 8						
二、PPT制作 30		字体大小合适、颜色对比清晰、布局规范 10						
		图文并茂、文图搭配合理、文字字数适当 10						
		有动态效果、音乐效果 10						
三、汇报内容 30		分销渠道类型 10						
		分销渠道设计 10						
		分销渠道管理 10						
四、特色创新加分 0－5								

记录人：＿＿＿＿＿＿＿＿　　记录时间：＿＿＿＿＿＿＿＿

项目八

确定促销策略，开展项目推广

 项目实训目标

1. 了解项目促销、推广的基本概念、理论；

2. 运用促销、推广基本概念和理论，进行项目促销、推广策划；

3. 在项目促销、推广策划的过程中培养自我分析认知、团队分工、项目组建、沟通意识、合作意识、团队意识。

团队热身

广告体验

下列广告语是哪个企业的？选出你最喜欢的广告语。小组在成员各自思考的基础上讨论确定本小组项目广告语。

（1）情系中国结，联通四海心；

（2）药材好，药才好；

（3）钻石恒久远，一颗永流传；

（4）给电脑一颗奔腾的"芯"；

（5）一旦拥有，别无选择；

（6）雪中之豹，雪中之宝，雪中送宝。

他山之石

某产品广告策划

麻石小巷，黄昏，挑担母女走进幽深的陋巷，步油灯悬在担子上，晃晃悠悠。

小男孩挤出深巷，吸着飘出的香气，伴着木屐声、叫卖声和民谣似的音乐。

画外音："小时候，一听见芝麻糊的叫卖声，我就再也坐不住了……"小男孩搓着小手，神情迫不及待，看大锅里那浓稠的芝麻糊滚腾。

大铜勺提得老高，往碗里倒芝麻糊。小男孩埋头猛吃，碗几乎盖住了脸。磨芝麻糊的小姑娘躲在大人背后，好奇地看着他，小男孩大模大样地将碗舔得干干净净，小姑娘捂着嘴偷偷地笑。卖芝麻糊的母亲爱怜地又给他添上一勺，轻轻抹去他脸上的残糊。小男孩抬起头，露出羞涩的感激。

画外音："一股浓香，一缕温暖。"

古朴的街景，旧日的穿着，橘红色的马灯，熟悉的叫卖声，共同构成了一幅立体的画面。

（案例来源：http：//www.weixinla.com/document/16451767.html）

案例思考和讨论

研读并讨论以上案例，这是哪种产品的广告策划，对你们小组项目有什么启发？

以小组为单位，讨论本小组项目的初步广告创意，每组派一代表发言。

理论知识认知

一、人员推销

(一) 人员推销的概念

人员推销是指以满足消费者的需求为中心,推销人员向消费者宣传、介绍产品,说服消费者购买,向消费者提供其真正需要的满意产品的一种销售行为活动。

(二) 人员推销的步骤和任务

人员推销的步骤和任务如表 8-1 所示。

表 8-1　人员推销的步骤和任务

序号	步骤	任务
1	认识推销	了解推销的基本知识
2	客户开发	挖掘可以推销的潜在客户
3	售前准备	做好推销前的准备工作
4	联系顾客	接触顾客,立足于与客户建立友谊关系
5	开启面谈	了解客户需求
6	产品介绍	让客户了解产品特色与好处
7	解除抗拒	消除客户顾虑
8	完成交易	达成客户愿望
9	售后服务	为客户解决购后需要

> **课堂互动:**
>
> 根据上述步骤,各小组讨论推销工作对人员素质有什么要求?
>
> **要点:**
>
> 小组共同商量,可以举例说明。

二、广告

（一）广告的定义

菲利普·科特勒对广告的定义是："广告是公司用来直接向目标买主和公众传递有说服力的信息的主要工具之一。广告是由明确的主办人通过各种付费媒体所进行的各种非人员的或单方面的沟通形式。"

（二）广告的类型

1. 按照广告的目的分

按照广告目的，广告可以分为商品广告、企业广告和公益广告。商品广告又分为通知性广告、劝说性广告和提醒性广告。（见图8-1）

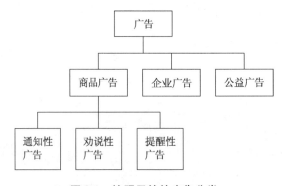

图8-1　按照目的的广告分类

2. 按照广告的区域分

按照广告投放的区域，广告可以分为国际广告、全国性广告和地区性广告。

3. 按照广告的媒体分

按照广告的媒体分，广告可以分为报纸广告、杂志广告、广播广告、电视广告、户外广告和网络广告。（见图8-2）

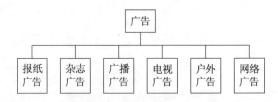

图8-2　按照媒体的广告分类

不同的媒体广告,有不同的优点和缺点,这些优缺点可以作为我们选择不同媒体的主要考量点。(见表8-2)

表8-2 不同广告媒体的优缺点

媒体	优点	缺点
报纸	灵活、及时、弹性大;本地市场覆盖率高,容易被受众接受,有较高的可信度	保存性差;复制质量低;相互传阅者不多
杂志	可信并有一定的权威性;复制率高、保存期较长、可以有较多的传阅者	时效性较差;广告购买的前置时间较长
广播	普及性大众化宣传;可以有较强的地理和人口选择;成本低	表现较单调;展露时间太短
电视	同时给受众视觉、听觉和动作刺激,有很强的感染力,可以吸引高度注意;触及面广,送达率高	成本高;受众选择性小;干扰多;瞬间即逝
直接邮寄	可以选择接受者;灵活、方便;可以避开同一媒体的广告竞争;有人情味	相对成本较高;由于滥寄容易造成受众反感
户外媒体	灵活;可以有较长的展露时间,重复性高,费用低,竞争少	受众没有选择;创新余地较小
互联网	有很高的选择性;交互性强;可以使用多种元素表现;相对成本较低	受众相对受局限

课堂互动:

各小组研讨本小组广告选址的媒体及方案。

提示:

小组成员先各自思考,再共同商定。

三、营业推广

(一)营业推广的定义

美国销售学会对营业推广的定义是:人员推广、广告和宣传以外的用以增进消费者购买和交易效益的那些促销活动,诸如陈列、展览会、展示会等不规则的、非周期性发生的销售努力。

菲利普·科特勒曾说:"如果说广告提供了购买的理由,则销售促进提供了购买的刺激。"他指出了销售促进在这个促销组合中的作用——提高促销组合中其他要素的效率,特别是弥补广告的不足。

综上,营业推广(狭义的"促销"),也称销售促进,是指那些通过短期的刺激性手段能够说服和鼓励消费者、激发他们做出强烈反应,促进短期购买行为的,除了人员推销、广告和公共关系以外的营销活动。营业推广的常见方式有:有奖销售、陈列和表演、展销会和交易会、赠送样品、商品目录、交易折扣、代价券、商业竞赛等。

(二)营业推广的策略

营业推广的策略有针对消费者的营业推广、针对中间商的营业推广和针对销售队伍的营业推广三个方面。

1. 针对消费者的营业推广

(1)赠送样品;

(2)发放优惠券;

(3)有奖销售;

(4)展销会;

(5)现场示范。

2. 针对中间商的营业推广

(1)批发回扣;

(2)推广津贴;

(3)竞赛;

(4)博览会。

3. 针对销售队伍的营业推广

(1)推销竞赛;

(2)设立特别推销奖金。

(三)营业推广策划的内容

营业推广策划包括以下内容:

(1) 确定推广目标；

(2) 选择推广工具；

(3) 推广总体安排；

(4) 确定推广时机；

(5) 确定推广期限；

(6) 营业推广预算。

课堂互动：

各小组研讨本小组营业推广策划方案。

提示：

根据上述营业推广策划内容，小组成员先各自思考，再共同商定。

四、公共关系

(一) 公共关系的定义

"公共关系"是舶来品，其英文为 Public Relations，缩写为 PR，简称是公关。"Public Relations"也可译为"公众关系"，既可理解为"与公众的关系"，也可理解为"公众间的关系"。

综上，公共关系可以理解为：公共关系是一门内求团结、外求发展的管理科学和艺术，是指企业在从事市场营销活动中正确处理企业与社会公众的关系，以便树立企业的良好形象，从而促进产品销售的一种活动。

(二) 公共关系的内涵

公共关系是企业利用各种传播手段，同顾客、中间商、社会民众、政府机构以及媒介等各方面沟通思想感情、建立良好的社会形象和营销环境的活动。它具有以下一些特点：

1. 公共关系不仅仅是为了推销企业的产品，更是为了树立企业的整体形象，通过树立企业良好的形象来改善企业的经营环境。

2. 公共关系的传播手段比较多,既可以利用各种传播媒体,也可以进行各种形式的直接传播。公共关系对传播媒体的利用,通常是以新闻报道的形式,而不像广告那样需要支付费用。

3. 公共关系的作用面比较广泛,作用于企业内外的各个方面,而不像广告那样只是针对企业产品的目标市场。

(三) 公共关系的主要手段

1. 新闻宣传;

2. 开展公益性活动;

3. 企业自我宣传;

4. 搜集、处理与反馈公众意见;

5. 利用外交活动公关促销。

(四) 公共关系的工作策划

1. 确定目的

确定项目公共关系的目的是社会性公关、维系性公关、矫正性公关,还是新闻性公关。

2. 确立主题

是典礼、周年庆典、展销会、喜庆活动、竞赛活动、学术研讨会,还是社会公益活动。

3. 选择时机

社会重大事件发生事件;节假日和企业纪念日。

4. 确定地点

是事件发生地、目标公众所在地,还是交通便利、人口流动较多的地点。

5. 涉及人员

专职、兼职、顾客等。

6. 造势

预报、铺垫、宣传、广告等。

> **课堂互动：**
> 各小组研讨本小组公共关系策划方案。
> **提示：**
> 根据上述公共关系策划的内容，小组成员先各自思考，再共同商定。

○ 牛刀小试

案例分析与交流

第一步：个人单独完成以下案例分析，写出要点；

第二步：小组每人轮流发言交流，同时其他成员记录发言人发言要点；

第三步：形成小组发言总要点；

第四步：以小组为单位在班级交流；

第五步：由各小组选取案例以表演的形式进行模拟展示，说明本小组的观点和见解，其他小组进行记录评价。

【案例】

两个推销员

一位推销员来到一家汽车经销商店的经理面前："先生，我给您带来一块塑料布，您一定感兴趣。"

经理接过一看是一块透明塑料布，很漂亮。

"您不妨撕撕看。"

经理被打动了：是呀，他还有50辆汽车尚未出手，正在露天车场受风吹、日晒、雨淋。显然，买一些这样的塑料布罩上，比盖车库、搭凉篷又快又方便。于是,这笔生意成交了。

另一位颇受欢迎的推销员来到一位老主顾家里。

"您那位可爱的小儿子呢?"

孩子来了,这位推销员以"大朋友"的身份把小朋友抱在怀里,神秘地说:"猜猜,我给你带来了什么礼物?"孩子猜了几次没猜着。"大朋友"从提包中掏出几枚五颜六色的外国邮票,这位小集邮迷高兴得跳起来了。

孩子带着满意和感激离去了。父亲深受感动,决定同这位推销员再做一笔大生意。

问题:

同样是推销,这两位推销员有什么不同呢?以小组为单位讨论交流。

项目实训

项目促销策划

1. 任务描述

对本小组项目促销进行策划设计,制作PPT,并进行汇报。

2. 具体要求

(1) 礼仪和演讲。注意礼仪开场和收尾以及中间的穿插和衔接;汇报演讲中声音洪亮、吐词清楚、表情大方、严肃认真、精神饱满、有职业状态。

(2) PPT制作精美。字体大小合适、颜色对比清晰、布局规范、图文并茂、文图搭配合理、文字字数适当,有动态效果、音乐效果。

(3) 项目组全体成员参与,有明确分工。团队成员各人负责不同部分的内容准备、PPT制作和汇报,在PPT右下角注明制作、演讲人。

(4) 有一定的创新,符合小组项目的情况,体现自己项目的特色。

(5) 策划活动设计科学、分析透彻、内容完整。

3. PPT 汇报

（1）PPT 汇总。根据上述要求进行分工,根据分工小组成员各自制作 PPT,PPT 右下角注明制作人,汇总给小组负责人,负责人进行统一调整。

（2）PPT 汇报。然后准备 PPT 汇报,所有成员都参与汇报。班级其他同学在下面打分填打分表。

（3）PPT 点评。班级其他同学讨论汇报小组汇报情况,小组指定成员记录大家意见,并进行点评,教师在此基础上进行点评,指出好的地方和需要改进的地方,汇报小组记录老师和大家的点评意见。

（4）PPT 修改。汇报小组根据老师和大家的点评意见对 PPT 进行修改后在下次上课前再提交修改后的版本,教师对修改前、修改后的版本进行打分,算出平均分,作为该小组的本次 PPT 制作成绩。

附1：项目实训PPT汇报记录表

市场营销PPT汇报记录表

小组1：＿＿＿＿＿＿＿＿＿＿＿＿＿＿ 项目名称：＿＿＿＿＿＿＿＿＿＿＿＿＿＿

项目及分值			成员1	成员2	成员3	成员4	成员5	成员6
一、汇报情况40	礼仪20	礼仪开始6						
		礼仪穿插和衔接8						
		礼仪结束6						
	演讲20	声音洪亮、吐词清楚6						
		表情大方、严肃认真6						
		精神饱满、有职业状态8						
二、PPT制作20		字体大小合适、颜色对比清晰、布局规范7						
		图文并茂、文图搭配合理、文字字数适当8						
		有动态效果、音乐效果6						
三、汇报内容40		人员推销10						
		广告设计10						
		营业推广10						
		公共关系10						
四、特色创新加分0-5								

记录人：＿＿＿＿＿＿＿＿＿＿ 记录时间：＿＿＿＿＿＿＿＿＿＿

市场营销 PPT 汇报记录表

小组 2：_____ 项目名称：_____

项目及分值			成员1	成员2	成员3	成员4	成员5	成员6
一、汇报情况 40	礼仪 20	礼仪开始 6						
		礼仪穿插和衔接 8						
		礼仪结束 6						
	演讲 20	声音洪亮、吐词清楚 6						
		表情大方、严肃认真 6						
		精神饱满、有职业状态 8						
二、PPT制作 20		字体大小合适、颜色对比清晰、布局规范 7						
		图文并茂、文图搭配合理、文字字数适当 8						
		有动态效果、音乐效果 6						
三、汇报内容 40		人员推销 10						
		广告设计 10						
		营业推广 10						
		公共关系 10						
四、特色创新加分 0-5								

记录人：_____ 记录时间：_____

市场营销 PPT 汇报记录表

小组 3：_____ 项目名称：_____

项目及分值			成员1	成员2	成员3	成员4	成员5	成员6
一、汇报情况 40	礼仪 20	礼仪开始 6						
		礼仪穿插和衔接 8						
		礼仪结束 6						
	演讲 20	声音洪亮、吐词清楚 6						
		表情大方、严肃认真 6						
		精神饱满、有职业状态 8						
二、PPT制作 20		字体大小合适、颜色对比清晰、布局规范 7						
		图文并茂、文图搭配合理、文字字数适当 8						
		有动态效果、音乐效果 6						
三、汇报内容 40		人员推销 10						
		广告设计 10						
		营业推广 10						
		公共关系 10						
四、特色创新加分 0-5								

记录人：_____ 记录时间：_____

市场营销 PPT 汇报记录表

小组 4：_____   项目名称：_____

<table>
<tr><th colspan="2">项目及分值</th><th>成员1</th><th>成员2</th><th>成员3</th><th>成员4</th><th>成员5</th><th>成员6</th></tr>
<tr><td rowspan="6">一、汇报情况 40</td><td>礼仪20 — 礼仪开始6</td><td></td><td></td><td></td><td></td><td></td><td></td></tr>
<tr><td>礼仪20 — 礼仪穿插和衔接8</td><td></td><td></td><td></td><td></td><td></td><td></td></tr>
<tr><td>礼仪20 — 礼仪结束6</td><td></td><td></td><td></td><td></td><td></td><td></td></tr>
<tr><td>演讲20 — 声音洪亮、吐词清楚6</td><td></td><td></td><td></td><td></td><td></td><td></td></tr>
<tr><td>演讲20 — 表情大方、严肃认真6</td><td></td><td></td><td></td><td></td><td></td><td></td></tr>
<tr><td>演讲20 — 精神饱满、有职业状态8</td><td></td><td></td><td></td><td></td><td></td><td></td></tr>
<tr><td rowspan="3">二、PPT制作 20</td><td>字体大小合适、颜色对比清晰、布局规范7</td><td></td><td></td><td></td><td></td><td></td><td></td></tr>
<tr><td>图文并茂、文图搭配合理、文字字数适当8</td><td></td><td></td><td></td><td></td><td></td><td></td></tr>
<tr><td>有动态效果、音乐效果6</td><td></td><td></td><td></td><td></td><td></td><td></td></tr>
<tr><td rowspan="4">三、汇报内容 40</td><td>人员推销10</td><td></td><td></td><td></td><td></td><td></td><td></td></tr>
<tr><td>广告设计10</td><td></td><td></td><td></td><td></td><td></td><td></td></tr>
<tr><td>营业推广10</td><td></td><td></td><td></td><td></td><td></td><td></td></tr>
<tr><td>公共关系10</td><td></td><td></td><td></td><td></td><td></td><td></td></tr>
<tr><td colspan="2">四、特色创新加分 0－5</td><td></td><td></td><td></td><td></td><td></td><td></td></tr>
</table>

记录人：_____   记录时间：_____

市场营销 PPT 汇报记录表

小组 5：_____　　项目名称：_____

<table>
<tr><th colspan="2">项目及分值</th><th>成员 1</th><th>成员 2</th><th>成员 3</th><th>成员 4</th><th>成员 5</th><th>成员 6</th></tr>
<tr><td rowspan="6">一、汇报情况 40</td><td>礼仪 20 — 礼仪开始 6</td><td></td><td></td><td></td><td></td><td></td><td></td></tr>
<tr><td>礼仪 20 — 礼仪穿插和衔接 8</td><td></td><td></td><td></td><td></td><td></td><td></td></tr>
<tr><td>礼仪 20 — 礼仪结束 6</td><td></td><td></td><td></td><td></td><td></td><td></td></tr>
<tr><td>演讲 20 — 声音洪亮、吐词清楚 6</td><td></td><td></td><td></td><td></td><td></td><td></td></tr>
<tr><td>演讲 20 — 表情大方、严肃认真 6</td><td></td><td></td><td></td><td></td><td></td><td></td></tr>
<tr><td>演讲 20 — 精神饱满、有职业状态 8</td><td></td><td></td><td></td><td></td><td></td><td></td></tr>
<tr><td rowspan="3">二、PPT 制作 20</td><td>字体大小合适、颜色对比清晰、布局规范 7</td><td></td><td></td><td></td><td></td><td></td><td></td></tr>
<tr><td>图文并茂、文图搭配合理、文字字数适当 8</td><td></td><td></td><td></td><td></td><td></td><td></td></tr>
<tr><td>有动态效果、音乐效果 6</td><td></td><td></td><td></td><td></td><td></td><td></td></tr>
<tr><td rowspan="4">三、汇报内容 40</td><td>人员推销 10</td><td></td><td></td><td></td><td></td><td></td><td></td></tr>
<tr><td>广告设计 10</td><td></td><td></td><td></td><td></td><td></td><td></td></tr>
<tr><td>营业推广 10</td><td></td><td></td><td></td><td></td><td></td><td></td></tr>
<tr><td>公共关系 10</td><td></td><td></td><td></td><td></td><td></td><td></td></tr>
<tr><td colspan="2">四、特色创新加分 0 – 5</td><td></td><td></td><td></td><td></td><td></td><td></td></tr>
</table>

记录人：_____　　记录时间：_____

市场营销 PPT 汇报记录表

小组 6：_____   项目名称：_____

项目及分值			成员1	成员2	成员3	成员4	成员5	成员6
一、汇报情况 40	礼仪 20	礼仪开始 6						
		礼仪穿插和衔接 8						
		礼仪结束 6						
	演讲 20	声音洪亮、吐词清楚 6						
		表情大方、严肃认真 6						
		精神饱满、有职业状态 8						
二、PPT制作 20		字体大小合适、颜色对比清晰、布局规范 7						
		图文并茂、文图搭配合理、文字字数适当 8						
		有动态效果、音乐效果 6						
三、汇报内容 40		人员推销 10						
		广告设计 10						
		营业推广 10						
		公共关系 10						
四、特色创新加分 0 – 5								

记录人：_____   记录时间：_____

附2：项目实训PPT汇报记录总表

市场营销期末PPT汇报记录总表

小组1：_____ 项目名称：_____

项目及分值		成员1	成员2	成员3	成员4	成员5	成员6
一、汇报情况24	礼仪12 — 礼仪开始4						
	礼仪12 — 礼仪穿插和衔接4						
	礼仪12 — 礼仪结束4						
	演讲12 — 声音洪亮、吐词清楚4						
	演讲12 — 表情大方、严肃认真4						
	演讲12 — 精神饱满、有职业状态4						
二、PPT制作12	字体大小合适、颜色对比清晰、布局规范4						
	图文并茂、文图搭配合理、文字字数适当4						
	有动态效果、音乐效果4						
三、汇报内容64	团队组建8						
	环境分析8						
	心理与行为分析8						
	目标市场分析8						
	市场调研8						
	产品策略8						
	定价策略8						
	渠道管理8						
四、特色创新加分0-2							

记录人：_____ 记录时间：_____

市场营销期末 PPT 汇报记录总表

小组 2：_____ 项目名称：_____

项目及分值			成员1	成员2	成员3	成员4	成员5	成员6
一、汇报情况 24	礼仪 12	礼仪开始 4						
		礼仪穿插和衔接 4						
		礼仪结束 4						
	演讲 12	声音洪亮、吐词清楚 4						
		表情大方、严肃认真 4						
		精神饱满、有职业状态 4						
二、PPT制作 12		字体大小合适、颜色对比清晰、布局规范 4						
		图文并茂、文图搭配合理、文字字数适当 4						
		有动态效果、音乐效果 4						
三、汇报内容 64		团队组建 8						
		环境分析 8						
		心理与行为分析 8						
		目标市场分析 8						
		市场调研 8						
		产品策略 8						
		定价策略 8						
		渠道管理 8						
四、特色创新加分 0-2								

记录人：_____ 记录时间：_____

市场营销期末 PPT 汇报记录总表

小组 3：______________　项目名称：______________

<table>
<tr><th colspan="3">项目及分值</th><th>成员 1</th><th>成员 2</th><th>成员 3</th><th>成员 4</th><th>成员 5</th><th>成员 6</th></tr>
<tr><td rowspan="6">一、汇报情况 24</td><td rowspan="3">礼仪 12</td><td>礼仪开始 4</td><td></td><td></td><td></td><td></td><td></td><td></td></tr>
<tr><td>礼仪穿插和衔接 4</td><td></td><td></td><td></td><td></td><td></td><td></td></tr>
<tr><td>礼仪结束 4</td><td></td><td></td><td></td><td></td><td></td><td></td></tr>
<tr><td rowspan="3">演讲 12</td><td>声音洪亮、吐词清楚 4</td><td></td><td></td><td></td><td></td><td></td><td></td></tr>
<tr><td>表情大方、严肃认真 4</td><td></td><td></td><td></td><td></td><td></td><td></td></tr>
<tr><td>精神饱满、有职业状态 4</td><td></td><td></td><td></td><td></td><td></td><td></td></tr>
<tr><td rowspan="3">二、PPT 制作 12</td><td colspan="2">字体大小合适、颜色对比清晰、布局规范 4</td><td></td><td></td><td></td><td></td><td></td><td></td></tr>
<tr><td colspan="2">图文并茂、文图搭配合理、文字字数适当 4</td><td></td><td></td><td></td><td></td><td></td><td></td></tr>
<tr><td colspan="2">有动态效果、音乐效果 4</td><td></td><td></td><td></td><td></td><td></td><td></td></tr>
<tr><td rowspan="8">三、汇报内容 64</td><td colspan="2">团队组建 8</td><td></td><td></td><td></td><td></td><td></td><td></td></tr>
<tr><td colspan="2">环境分析 8</td><td></td><td></td><td></td><td></td><td></td><td></td></tr>
<tr><td colspan="2">心理与行为分析 8</td><td></td><td></td><td></td><td></td><td></td><td></td></tr>
<tr><td colspan="2">目标市场分析 8</td><td></td><td></td><td></td><td></td><td></td><td></td></tr>
<tr><td colspan="2">市场调研 8</td><td></td><td></td><td></td><td></td><td></td><td></td></tr>
<tr><td colspan="2">产品策略 8</td><td></td><td></td><td></td><td></td><td></td><td></td></tr>
<tr><td colspan="2">定价策略 8</td><td></td><td></td><td></td><td></td><td></td><td></td></tr>
<tr><td colspan="2">渠道管理 8</td><td></td><td></td><td></td><td></td><td></td><td></td></tr>
<tr><td colspan="3">四、特色创新加分 0－2</td><td></td><td></td><td></td><td></td><td></td><td></td></tr>
</table>

记录人：______________　记录时间：______________

市场营销期末 PPT 汇报记录总表

小组 4：_____   项目名称：_____

项目及分值			成员1	成员2	成员3	成员4	成员5	成员6
一、汇报情况 24	礼仪 12	礼仪开始 4						
		礼仪穿插和衔接 4						
		礼仪结束 4						
	演讲 12	声音洪亮、吐词清楚 4						
		表情大方、严肃认真 4						
		精神饱满、有职业状态 4						
二、PPT制作 12		字体大小合适、颜色对比清晰、布局规范 4						
		图文并茂、文图搭配合理、文字字数适当 4						
		有动态效果、音乐效果 4						
三、汇报内容 64		团队组建 8						
		环境分析 8						
		心理与行为分析 8						
		目标市场分析 8						
		市场调研 8						
		产品策略 8						
		定价策略 8						
		渠道管理 8						
四、特色创新加分 0－2								

记录人：_____   记录时间：_____

市场营销期末 PPT 汇报记录总表

小组 5：＿＿＿＿＿＿＿＿＿＿＿＿＿　项目名称：＿＿＿＿＿＿＿＿＿＿＿＿＿

项目及分值			成员 1	成员 2	成员 3	成员 4	成员 5	成员 6
一、汇报情况 24	礼仪 12	礼仪开始 4						
		礼仪穿插和衔接 4						
		礼仪结束 4						
	演讲 12	声音洪亮、吐词清楚 4						
		表情大方、严肃认真 4						
		精神饱满、有职业状态 4						
二、PPT 制作 12		字体大小合适、颜色对比清晰、布局规范 4						
		图文并茂、文图搭配合理、文字字数适当 4						
		有动态效果、音乐效果 4						
三、汇报内容 64		团队组建 8						
		环境分析 8						
		心理与行为分析 8						
		目标市场分析 8						
		市场调研 8						
		产品策略 8						
		定价策略 8						
		渠道管理 8						
四、特色创新加分 0－2								

记录人：＿＿＿＿＿＿＿＿＿＿　记录时间：＿＿＿＿＿＿＿＿＿＿

市场营销期末 PPT 汇报记录总表

小组6：_____ 项目名称：_____

<table>
<tr><th colspan="2">项目及分值</th><th>成员1</th><th>成员2</th><th>成员3</th><th>成员4</th><th>成员5</th><th>成员6</th></tr>
<tr><td rowspan="6">一、汇报情况24</td><td>礼仪12 — 礼仪开始4</td><td></td><td></td><td></td><td></td><td></td><td></td></tr>
<tr><td>礼仪穿插和衔接4</td><td></td><td></td><td></td><td></td><td></td><td></td></tr>
<tr><td>礼仪结束4</td><td></td><td></td><td></td><td></td><td></td><td></td></tr>
<tr><td>演讲12 — 声音洪亮、吐词清楚4</td><td></td><td></td><td></td><td></td><td></td><td></td></tr>
<tr><td>表情大方、严肃认真4</td><td></td><td></td><td></td><td></td><td></td><td></td></tr>
<tr><td>精神饱满、有职业状态4</td><td></td><td></td><td></td><td></td><td></td><td></td></tr>
<tr><td rowspan="3">二、PPT制作12</td><td>字体大小合适、颜色对比清晰、布局规范4</td><td></td><td></td><td></td><td></td><td></td><td></td></tr>
<tr><td>图文并茂、文图搭配合理、文字字数适当4</td><td></td><td></td><td></td><td></td><td></td><td></td></tr>
<tr><td>有动态效果、音乐效果4</td><td></td><td></td><td></td><td></td><td></td><td></td></tr>
<tr><td rowspan="8">三、汇报内容64</td><td>团队组建8</td><td></td><td></td><td></td><td></td><td></td><td></td></tr>
<tr><td>环境分析8</td><td></td><td></td><td></td><td></td><td></td><td></td></tr>
<tr><td>心理与行为分析8</td><td></td><td></td><td></td><td></td><td></td><td></td></tr>
<tr><td>目标市场分析8</td><td></td><td></td><td></td><td></td><td></td><td></td></tr>
<tr><td>市场调研8</td><td></td><td></td><td></td><td></td><td></td><td></td></tr>
<tr><td>产品策略8</td><td></td><td></td><td></td><td></td><td></td><td></td></tr>
<tr><td>定价策略8</td><td></td><td></td><td></td><td></td><td></td><td></td></tr>
<tr><td>渠道管理8</td><td></td><td></td><td></td><td></td><td></td><td></td></tr>
<tr><td colspan="2">四、特色创新加分0-2</td><td></td><td></td><td></td><td></td><td></td><td></td></tr>
</table>

记录人：_____ 记录时间：_____

参考文献

[1] (美)菲利普·科特勒(Kotler, P.),(美)阿姆斯特朗(Armstrong, G.)著.郭国庆等译.市场营销原理[M].北京:清华大学出版社,2007年5月第1版。

[2] (美)菲利普·科特勒(Kotler, P.)等著,何志毅等译.市场营销原理[M].北京:机械工业出版社,2006年7月第1版。

[3] (美)卡尔·迈克丹尼尔等.营销学精要[M].北京电子工业出版社,2007年。

[4] (美)菲利普·科特勒、凯文·莱恩·凯勒著.梅清豪译。营销管理[M].上海:上海人民出版社,2006。

[5] 菲利普·科特勒著,梅汝和、梅清豪、周安柱译.营销管理[M].第十版,北京:中国人民大学出版社,2001。

[6] (美)菲利普·科特勒著.洪瑞云、梁绍明、陈振忠译.市场营销管理[M].北京:中国人民大学出版社,1998年。

[7] 吴建安.市场营销学[M].北京:高等教育出版社,2007年版。

[8] 郭国庆.市场营销学通论[M].北京:中国人民大学出版社,2007年版。

[9] 郭国庆.现代市场营销学[M].北京:清华大学出版社,2008年5月第1版。

[10] 吕一林.市场营销学[M].北京:科学出版社,2006年。

[11] 兰苓.市场营销学[M].北京:机械工业出版社,2008年。

[12] 杨洪涛.现代市场营销学[M].北京:机械工业出版社,2009年。

[13] 吴健安.市场营销学[M].北京:高等教育出版社,2000年版。

[14] 江林,张险峰,任锡源.现代市场营销管理[M].北京:电子工业出版社,2002年版。

[15] 郭国庆,成栋.市场营销新论[M].北京:中国经济出版社,1997。

[16] 梅清豪,林新法,陈洁光.市场营销学原理[M].北京:电子工业出版社,2002年版。

[17] 张雁白,苗泽华.市场营销学概论[M](第二版).北京:经济科学出版社、中国铁道出版社,2010年版。

[18] 张雁白,苗泽华.市场营销学概论[M].北京:经济科学出版社、中国铁道出版社,2004年版。

[19] 郭国庆,刘凤军,王晓东.市场营销理论[M].北京:中国人民大学出版社,1999年版。

[20] 苗泽华等.商业企业营销道德与文化研究[M].北京:新华出版社,2005年版。